essentials

Essentials liefern aktuelles Wissen in konzentrierter Form. Die Essenz dessen, worauf es als „State-of-the-Art" in der gegenwärtigen Fachdiskussion oder in der Praxis ankommt. *Essentials* informieren schnell, unkompliziert und verständlich

- als Einführung in ein aktuelles Thema aus Ihrem Fachgebiet
- als Einstieg in ein für Sie noch unbekanntes Themenfeld
- als Einblick, um zum Thema mitreden zu können

Die Bücher in elektronischer und gedruckter Form bringen das Fachwissen von Springerautor*innen kompakt zur Darstellung. Sie sind besonders für die Nutzung als eBook auf Tablet-PCs, eBook-Readern und Smartphones geeignet. *Essentials* sind Wissensbausteine aus den Wirtschafts-, Sozial- und Geisteswissenschaften, aus Technik und Naturwissenschaften sowie aus Medizin, Psychologie und Gesundheitsberufen. Von renommierten Autor*innen aller Springer-Verlagsmarken.

Markus H. Dahm · Benedikt Schulz

Künstliche Intelligenz im Consulting

Handlungsempfehlungen und Zukunftsprognosen für Unternehmensberater

Markus H. Dahm
FOM Hochschule
Hamburg, Deutschland

Benedikt Schulz
FOM Hochschule
Basel, Schweiz

ISSN 2197-6708   ISSN 2197-6716 (electronic)
essentials
ISBN 978-3-658-45059-5   ISBN 978-3-658-45060-1 (eBook)
https://doi.org/10.1007/978-3-658-45060-1

Die Deutsche Nationalbibliothek verzeichnet diese Publikation in der Deutschen Nationalbibliografie; detaillierte bibliografische Daten sind im Internet über https://portal.dnb.de abrufbar.

Planung/Lektorat: Angela Meffert
Springer Gabler ist ein Imprint der eingetragenen Gesellschaft Springer Fachmedien Wiesbaden GmbH und ist ein Teil von Springer Nature.
Die Anschrift der Gesellschaft ist: Abraham-Lincoln-Str. 46, 65189 Wiesbaden, Germany

Wenn Sie dieses Produkt entsorgen, geben Sie das Papier bitte zum Recycling.

Was Sie in diesem *essential* finden können

- Eine Übersicht relevanter KI-Grundlagen für Unternehmensberater
- Einen fundierten Überblick, welchen Einfluss KI auf den Beratungsberuf heute hat und in Zukunft haben wird
- Eine Einführung in das neue Beratungsfeld des KI-Consultings
- Einsatzmöglichkeiten für KI-Anwendungen im Beratungsalltag
- Infos zum Einfluss von KI auf Anforderungen und Tätigkeiten in der Beratung
- Eine Übersicht, welche Vorteile KI für Berater bietet und welche Risiken berücksichtigt werden müssen
- Handlungsempfehlungen für heutige und zukünftige Beratung für den Umgang mit KI im Beratungsalltag

Vorwort

Liebe Leserinnen und Leser,

Das Thema der künstlichen Intelligenz ist in aller Munde. Bücher werden verfasst, Zeitungsartikel geschrieben und Meinungen aller Art ausgetauscht. Selten gab es so viele verschiedene Sichtweisen auf eine technologische Disruption und so viele offene Fragen in Bezug auf die heutigen und zukünftigen Auswirkungen einer Technologie. Wie wird sich KI weiterentwickeln? Welchen Einfluss hat KI auf die Arbeitswelt? Ist KI eine Chance oder doch eine Gefahr? Experten und Forscher auf der ganzen Welt beschäftigen sich derzeit mit diesen Fragestellungen und untersuchen die aktuellen und perspektivischen Auswirkungen von KI auf das Berufs- und Privatleben.

Als Experten auf dem Gebiet der Unternehmensberatung und Enthusiasten im Bereich der künstlichen Intelligenz haben wir uns die Frage gestellt, welchen Einfluss KI auf den Beruf des Unternehmensberaters hat und haben wird. Obwohl allein in Deutschland die Branche der Managementberatung im Jahr 2023 einen Umsatz von ca. 49 Mrd. EUR erreicht hat und die Branche somit eine große Relevanz für die Wirtschaft hat, wurden die Auswirkungen von KI auf den Beruf bisher nur wenig untersucht.

Wir freuen uns sehr, im Rahmen dieses Buches mit Ihnen unser Wissen in Bezug auf den heutigen und zukünftigen Einfluss von KI auf den Beruf des Unternehmensberaters zu teilen. Sie erhalten mit diesem Buch Zugriff auf Forschungsergebnisse aus der Befragung renommierter Experten aus den Bereich KI & Consulting und haben die Möglichkeit, durch Zukunftsprognosen und Handlungsempfehlungen Ihre eigenen Schritte als Berater in Bezug auf den Umgang mit den technologischen Chancen und Risiken der künstlichen Intelligenz zu definieren.

Treten Sie mit uns in Kontakt und diskutieren mit uns über die Zukunft des Consultings in Zeiten der künstlichen Intelligenz.

Wir wünschen Ihnen viel Freude und viele spannende Erkenntnisse beim Lesen!

Prof. Dr. Markus Dahm

Benedikt Schulz

Inhaltsverzeichnis

Über die Autoren

Prof. Dr. Markus H. Dahm ist Organisationsentwicklungsexperte und Berater für Strategie, Digital Change & Transformation. Ferner lehrt und forscht er an der FOM Hochschule für Oekonomie & Management in den Themenfeldern künstliche Intelligenz, Führung, Business Consulting, Digital Management und agile Organisationsgestaltung. Er publiziert regelmäßig zu aktuellen Management- und Leadership-Fragestellungen in wissenschaftlichen Fachmagazinen, Blogs und Online-Magazinen sowie der Wirtschaftspresse. Er ist Autor und Herausgeber zahlreicher Bücher.

Benedikt Schulz (M.Sc.) ist Unternehmensberater und Produktmanager mit den Schwerpunkten digitale Transformation und künstliche Intelligenz. Nach einer Ausbildung zum Bankkaufmann und Studienabschlüssen in Wirtschaftspsychologie, Consulting sowie Digitalisierung arbeitet er für ein Schweizer Digitalisierungsunternehmen und forscht sowie publiziert zu den Auswirkungen von künstlicher Intelligenz auf die Arbeitswelt. Sein Fokus liegt unter anderem auf der Beratungsbranche und der Zukunft des Beraterberufs.

Einleitung

Technologien der künstlichen Intelligenz (KI) haben einen großen Einfluss auf viele Branchen und Berufe. Besonders seit der Veröffentlichung der generativen KI ChatGPT von OpenAI im Jahre 2022 ist das Thema KI in der Mitte der Gesellschaft angekommen und entwickelt sich in schnellem Tempo weiter. Nahezu täglich werden neue Lösungen für verschiedenste Anwendungsbereiche veröffentlicht und Technologieunternehmen auf der ganzen Welt versuchen, das Rennen um die Marktführerschaft für sich zu entscheiden. Gleichzeitig sind viele Unternehmen mit der Frage konfrontiert, welche Auswirkungen die Entwicklungen im Bereich der KI auf ihre Organisation haben und wie KI gewinnbringend eingesetzt werden kann. Zusätzlich fragen sich Arbeitnehmer, welchen Einfluss KI auf ihren Beruf hat und haben wird. Darüber hinaus besteht Unsicherheit darüber, inwiefern man sich mit dem Thema der KI beschäftigen muss, um den derzeitigen Wandel entweder aktiv mitzugestalten oder diesen zumindest erfolgreich zu meistern.

Auch der Berufsstand der Unternehmensberater sowie die gesamte Consulting-Branche sind von den beschriebenen Einflüssen betroffen und mit den dargestellten Fragestellungen konfrontiert. Als interne und externe Dienstleister innerhalb vielschichtiger Kundenmandate stellt sich für Unternehmensberater die Frage, welche Auswirkungen die heutigen und zukünftigen Entwicklungen im Bereich der KI auf die Anforderungen der Beratungskunden sowie den generellen Beratungsalltag haben bzw. haben werden. Unternehmensberater treten als methodische und thematische Experten sowie als Pioniere innerhalb innovativer und disruptiver Themen auf. Somit wird besonders von Vertretern dieser Profession erwartet, das Thema der KI zu besetzen und Angebote in diesem Bereich zu entwickeln.

M. H. Dahm und B. Schulz, *Künstliche Intelligenz im Consulting*, essentials, https://doi.org/10.1007/978-3-658-45060-1_1

Zugleich sind Unternehmensberatungen und selbstständige Berater, ähnlich wie andere Branchen und Berufsstände, dem Druck ausgesetzt, Antworten auf Fragen des Fachkräftemangels, des Konkurrenzdrucks und der Existenzwahrung in Zeiten technologischer Innovationen zu finden. Somit stellt sich besonders durch die Entwicklungen der KI die Frage, welche Auswirkungen die hieraus resultierenden Technologien und Anwendungen auf die Tätigkeiten eines Beraters haben bzw. haben werden und welche Vor- und Nachteile sich hieraus ergeben könnten.

Unternehmensberatung ist ein Sammelbegriff für eine Vielzahl verschiedener Tätigkeitsbereiche, die durch Beratungsunternehmen und selbstständige Berater bearbeitet werden. Ansätze zur Sammlung und Einteilung dieser Tätigkeitsbereiche bzw. Beratungsfelder gibt es viele. Dies liegt zum einen an der kontinuierlichen Weiterentwicklung des Marktes der Unternehmensberatung und zum anderen an der ungenauen Abgrenzungsmöglichkeit der Profession von anderen Branchen und Tätigkeitsfeldern. Im Rahmen dieses Buches fokussieren wir uns auf einen in Theorie und Praxis bewährten Ansatz, welcher den Markt der Unternehmensberatung in drei Kernbereiche unterteilt. Hierbei handelt es sich um die Bereiche IT-Beratung, Managementberatung sowie HR-Beratung. Der Begriff der IT-Beratung inkludiert sowohl die Planung, Entwicklung und Einführung von IT-Systemen als auch die Entwicklung sowie den Betrieb von Softwarelösungen. Der Begriff der Managementberatung wird in dem vorgestellten Dreiteilungsansatz wiederum in die drei Bereiche Strategie-, Organisations- und Transformationsberatung untergliedert. Der Bereich der Personalberatung umfasst die Tätigkeiten der Executive Search, der Personalentwicklung, des Outplacements und der Beratung zu Gehalts- und Lohnsystemen (Lippold 2018, S. 76). Siehe dazu Abb. 1.1.

- **IT-Beratung** deckt eine breite Palette an Dienstleistungen im IT-Bereich ab, einschließlich Technologieauswahl, kundenspezifischer Lösungen und IT-Infrastrukturberatung, oft in Überschneidung mit strategischen und organisatorischen Fragestellungen.
- **Managementberatung** zielt darauf ab, Managementprobleme durch Situationsanalysen, Problemerkennung, Lösungsentwicklung und Implementierungsbegleitung zu lösen.
- **HR-Beratung** strebt die Optimierung und Entwicklung menschlicher Arbeit im Unternehmen durch Services wie Gehaltssystementwicklung, Recruiting und Lösung personeller Herausforderungen an.

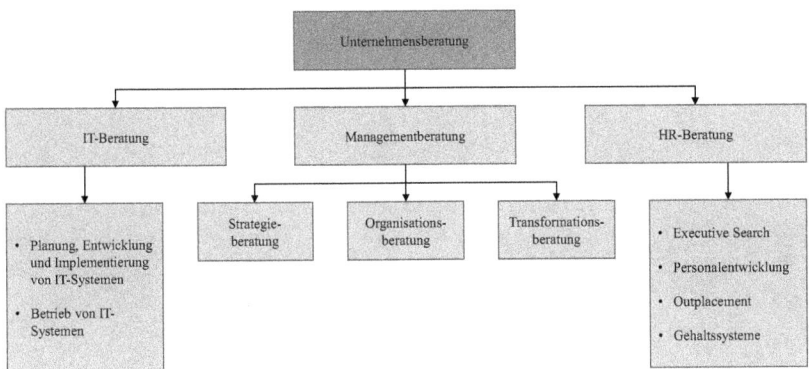

Abb. 1.1 Dreiteilung des Unternehmensberatermarktes. (Quelle: In Anlehnung an Lippold 2018, S. 76)

Dieses Buch beantwortet die Frage, wie sich der Beratungsberuf durch den Einfluss von KI bereits verändert hat und welche Auswirkungen in Zukunft zu erwarten sind. Dabei stehen besonders die konkreten Tätigkeiten in der Unternehmensberatung im Fokus und es wird dargestellt, wie sich die Anforderungen an Unternehmensberater durch den Einfluss von KI verändern werden und bereits verändert haben. Neben relevantem KI-Grundlagenwissen für Berater erhalten Sie konkrete Handlungsempfehlungen in Bezug auf die persönliche Positionierung und den eigenen Umgang mit den Impulsen von KI.

KI-Grundlagen für Unternehmensberater

2

Dieses Kapitel richtet sich an Unternehmensberater und Leser, welche bisher wenig inhaltlichen Kontakt mit dem Thema KI hatten oder bestehende Grundlagen etwas auffrischen möchten. Wir sind überzeugt davon, dass es sinnvoll ist, sich zunächst mit den Grundlagen der KI zu beschäftigen, damit die im Anschluss dargestellten Inhalte und Schlussfolgerungen optimal verstanden und diskutiert werden können.

2.1 Definition von künstlicher Intelligenz

Spätestens seit der Veröffentlichung von ChatGPT ist der Begriff der KI nicht nur in Expertenkreisen weithin bekannt. Doch vielen Personen sind das Konzept und die Funktionsweise von KI nicht oder nur oberflächlich bekannt. In der Gesellschaft existiert viel Halbwissen und zum Teil sogar Furcht vor der Technologie, die einen großen Einfluss auf die Art und Weise haben wird, wie die Menschheit lebt und arbeitet. In diesem Kapitel wird die Technologie der KI kurz erklärt.

Wird nach einer einheitlichen Definition für den Begriff der KI gesucht, so ist festzustellen, dass der Begriff nicht nur unzählige Male definiert wurde, sondern die Definierenden unterschiedlichste Perspektiven einnehmen und verschiedene Ansätze verfolgen. Dennoch lassen sich aus der Summe der Definitionen einige Kernaspekte festhalten, die im Rahmen dieses Kapitels dargestellt werden und für den weiteren Verlauf dieses Buches als Fundament dienen sollen.

Im Zentrum der künstlichen Intelligenz steht die Imitation menschlicher Intelligenz auf eine digitale Art und Weise, z. B. durch ein Computersystem. Das

M. H. Dahm und B. Schulz, *Künstliche Intelligenz im Consulting,* essentials, https://doi.org/10.1007/978-3-658-45060-1_2

übergeordnete Ziel hierbei ist die Ausführung von Tätigkeiten, die bei menschlicher Ausführung den Einsatz von Intelligenz erfordern. Die Tätigkeiten decken das gesamte Spektrum von der Analyse einer Aufgabenstellung über die Ermittlung eines passenden Lösungsansatzes bis hin zur Ausführung des ermittelten und ausgewählten Lösungsansatzes ab. KI-Systeme haben die Fähigkeit, aus Daten und Interaktionen zu lernen und im Laufe der Zeit neue Verhaltensweisen zu lernen, ohne dass hierfür eine explizite Programmierung notwendig ist.

Die theoretische Definition von KI ist für viele, auch nicht technisch versierte Personen noch gut zu verstehen. Schwieriger wird es allerdings, sobald es um die technischen Details und Konzepte geht. Daher wird im weiteren Verlauf dieses Kapitels eine Übersicht gegeben, welche Typen von KI es gibt und welche Technologien in der KI verfügbar sind.

2.2   Typen von künstlicher Intelligenz

Auch wenn der Begriff KI heute als Sammelbegriff für ein breites Spektrum von Methoden, Technologien und Anwendungsfällen verwendet wird, bedarf es für eine genauere Betrachtung des Themenbereiches einer genauen Aufschlüsslung des Begriffes. Grundsätzlich kann im Kontext der KI zwischen den Arten und Typen von KI unterschieden werden.

2.2.1   Schwache und starke künstliche Intelligenz

Innerhalb des Themenfeldes der KI wird zwischen zwei KI-Arten unterschieden: schwache und starke KI. Eine schwache KI, die auch als methodische KI bezeichnet wird, besitzt nicht die Fähigkeit, eigenständig Neues zu lernen. Sie ist darauf angewiesen, dass ein Trainingsprozess erfolgt, der sie in die Lage versetzt, Muster zu erkennen oder Datenmengen zu analysieren und zu bearbeiten. Die Zielsetzung in Bezug auf eine schwache KI besteht daher darin, konkrete und vorab definierte Aufgaben zu lösen. Die Qualität der Aufgabenbearbeitung ist abhängig von dem jeweiligen Trainingsstand der KI. Beispiele für Use-Cases einer schwachen KI sind die Übersetzung von Texten, die Sprach- oder Bilderkennung oder die automatisierte Bearbeitung von Prozessen, z. B. im Bereich der Kundenbetreuung oder internen Entscheidungsfindung.

Das Konzept der starken KI ist zum aktuellen Zeitpunkt noch theoretischer Natur. Bei dieser Form der KI, die auch als allgemeine KI bekannt ist, handelt es sich um eine maschinelle bzw. digitale Intelligenz, die den Anspruch hat, der

Schwache KI	Starke KI
• Kann nicht eigenständig Neues lernen • Auf Trainingsprozess angewiesen • Lösung vordefinierter Aufgaben • Use Cases: z.B. Übersetzung, Texterstellung oder Spracherkennung	• Konzept ist noch theoretischer Natur • Menschlicher Intelligenz ebenbürtig • Lernt eigenständig • Bearbeitung komplexer Aufgaben

Abb. 2.1 Schwache und Starke KI

menschlichen Intelligenz ebenbürtig zu sein. Basierend auf der Definition einer starken KI wäre eine solche Intelligenz in der Lage, mit einem Menschen zu interagieren, ohne dass dieser in der Lage ist, zu unterscheiden, ob es sich beim Interaktionspartner um eine Maschine oder einen Menschen handelt.

Eine starke KI ist fähig, unterschiedliche Aufgaben eigenständig zu lösen und die dafür notwendigen Lösungsansätze eigenständig zu entwickeln. Es bedarf hierbei somit keines expliziten Trainings, das auf die Ausführung einer bestimmten Aufgabe bzw. eines Aufgabenbereiches ausgelegt ist. Vielmehr lernt die KI vergleichbar mit einem heranwachsenden Menschen eigenständig und entwickelt hierdurch eigene Lösungsansätze und Best Practices. Auch wenn eine starke KI in der derzeitigen Definition noch nicht existiert, so sind Wissenschaftler dennoch optimistisch, dass dieser Entwicklungsstand erreicht werden kann. Ansätze zur Entwicklung eines solchen Systems verfolgen daher viele Unternehmen und Wissenschaftler. Siehe dazu Abb. 2.1.

2.2.2 Die vier KI-Typen

Eine weitere Unterscheidungsform im Bereich der KI sind die vier KI-Typen, die die Fähigkeiten einer KI strukturieren bzw. einteilen. Ähnlich wie bei dem Konzept der starken KI handelt es sich bei den Typen drei und vier noch um theoretische Konzepte, die allerdings in Zukunft mit einer hohen Wahrscheinlichkeit realisiert werden können. Im Folgenden werden die vier KI-Typen vorgestellt.

1. Der erste KI-Typ ist eine KI, die als **reaktive Maschine (Reactive Machine)** bezeichnet wird. Vergleichbar mit dem Konzept der schwachen KI ist eine reaktive Maschine in der Lage, singuläre Aufgaben ohne jegliche Form der Erinnerung oder Wahrnehmung auszuführen. Da die meisten Aufgaben in der realen Welt allerdings deutlich komplexer sind, fällt es schwer, viele geeignete Anwendungsfälle für eine solche KI zu identifizieren. Ein Anwendungsfall ist z. B. eine KI, die gegen einen echten Menschen eine Partie Schach spielt. Hierbei handelt es sich um eine singuläre und hochgradig wahrscheinlichkeits-getriebene, d. h. mathematische Tätigkeit, auf die eine KI mit genug Daten trainiert werden kann.

2. Der zweite KI-Typ wird als **„Limited Memory AI"** oder **„KI mit begrenztem Speicherplatz"** bezeichnet. Wie der Name bereits suggeriert, unterscheidet sich dieser KI-Typ von der zuvor vorgestellten reaktiven Maschine in Bezug auf die Fähigkeit, historische Daten für die Entscheidungsfindung einzubeziehen. Somit lernt die KI aus positiven und negativen Ergebnissen und trifft neue Entscheidungen unter Berücksichtigung von diesem Wissen. Gleichzeitig verfügt die KI über weiteres relevantes Vorwissen, z. B. das Aussehen von bestimmten Objekten, sodass Entscheidungen auf Basis einer Vielzahl von Daten getroffen werden können. Bei diesem KI-Typ handelt es sich um den derzeit am meisten verwendeten KI-Typ. Dies liegt unter anderem an der größeren Menge relevanter Use-Cases für den menschlichen Alltag. Prominente Beispiele sind smarte Sprachassistenten von *Amazon* und *Google* oder autonom fahrende Fahrzeuge, die vorhandenes Wissen, Situationen und Daten auswerten, um ein neues Ergebnis zu produzieren. Die Qualität bzw. der Nutzen dieser Lösungen steht somit mit der Größe des vorhandenen KI-Wissens im Zusammenhang.

3. Der dritte KI-Typ basiert auf der sogenannten **Theorie des Geistes** oder der Geisteshaltung und gehört in den Bereich der starken KI. Künstliche Intelligenzen dieses Typs können menschliche Emotionen wahrnehmen, diese verarbeiten und Handlungen auf die gewonnenen Erkenntnisse ausrichten. Zusätzlich verfügt dieser KI-Typ über ein Gedächtnis. Auch wenn dieser Typ von KI heute noch ein theoretisches Konzept und die Basis verschiedenster Hollywood-Utopien bzw. Dystopien ist, gehen Wissenschaftler davon aus, dass eine Realisierung möglich ist. Eine Herausforderung bei diesem Vorhaben ist allerdings nach wie vor die Komplexität des menschlichen Verhaltens, die derzeit noch nicht in einem technischen System ausreichend abgebildet werden kann.

4. Der vierte KI-Typ basiert auf dem Konzept, dass eine KI in Zukunft über eine **Selbstwahrnehmung** verfügen kann. Es erfolgt somit ein Wandel vom

KI-Typen	
Reaktive Maschine	KI mit begrenztem Speicherplatz
KI mit Emotionswahrnehmung	KI mit Selbstwahrnehmung

Abb. 2.2 Die vier KI-Typen

reinen Ausführen einer Tätigkeit zu dem Bewusstsein, dass gerade ein Denk-
oder Arbeitsprozess stattfindet. Aus diesem Grund wird dieser KI-Typ auch
„Selbstwahrnehmung" oder „Self Awareness" genannt. Eine solche KI wäre
in der Lage, die Welt vollständig wahrzunehmen und menschliche Aktionen
nachzuvollziehen sowie entsprechend zu handeln. Siehe hierzu auch Abb. 2.2.

2.3 Technologische Teilbereiche der KI

Eine KI kann aus verschiedenen technologischen Teilbereichen bestehen. Die
Frage, welcher davon benötigt wird, ist abhängig von dem jeweiligen Anwendungsfall. Zum besseren Verständnis dieser Aussage ist ein Vergleich mit der
menschlichen Intelligenz sinnvoll. Der Kern der menschlichen Intelligenz ist das
Gehirn. Als Schalt- und Kommandozentrale empfängt es alle Informationen, die
der menschliche Körper erhält. Im Anschluss werden diese Informationen verarbeitet und entsprechende Reaktionen bzw. Aktionen ausgelöst. Im Kontext von KI
ist die KI das metaphorische Gehirn, das Daten empfängt und verarbeitet. Damit
ein Gehirn allerdings Daten empfangen und Reaktionen durchführen kann, bedarf
es einer ganzen Sammlung von Empfängern und Werkzeugen. Hierbei handelt es
sich beim Menschen z. B. um die Augen, um visuelle Eindrücke aufzunehmen,
oder um die Ohren, um akustische Signale zu empfangen.

Eine KI ist ebenso wie das menschliche Gehirn auf solche Funktionserweite-
rungen angewiesen, um Informationen zu empfangen und bestimmte Handlungen

durchzuführen. Hierbei wird von Technologien der KI gesprochen. Eine KI muss nicht zwangsläufig über alle möglichen Technologien verfügen. Entscheidend ist, welche Zielsetzung die jeweilige KI erfüllen soll. Soll z. B. ein Objekt auf einem Bild erkannt werden, benötigt eine KI beispielsweise keine technischen Komponenten, die Texte verarbeiten oder eine Sprachausgabe ermöglichen.

In den folgenden Unterkapiteln werden die technologischen Teilbereiche der KI vorgestellt. Hierbei handelt es sich um das maschinelle Lernen, die Verarbeitung natürlicher Sprache, die Computer-Vision sowie den Bereich der Robotik.

2.3.1 Maschinelles Lernen, Deep Learning und neuronale Netze

Das maschinelle Lernen ist ein Teilbereich der KI. Oft wird in diesem Zusammenhang auch im deutschsprachigen Raum der englische Begriff „Machine Learning" (ML) verwendet. Bei dieser Technologie wird ein System darauf trainiert, Daten zu verarbeiten und technische Vorgehensweisen zu entwickeln, ohne dass hierfür eine explizite Programmierung erforderlich ist. Der Kern dieser Funktion ist das Trainieren von Algorithmen mit dem Ziel, dass diese Muster und Zusammenhänge in Daten und Informationen identifizieren, um diese als Basis für Entscheidungen und Prognosen zu verwenden. Durch den Einsatz von ML besteht somit die Chance, die Leistungsfähigkeit einer KI signifikant zu erhöhen. Die Leistungsfähigkeit der jeweiligen KI hängt dabei stark davon ab, wie viele Daten für den ML-Prozess zur Verfügung stehen.

Innerhalb der KI-Teilmenge des maschinellen Lernens befinden sich weitere Teilaspekte, die nachfolgend vorgestellt und in Abb. 2.3 dargestellt werden.

Der erste Teilaspekt des maschinellen Lernens wird als Deep Learning bezeichnet. Dieses kann als Ausbaustufe des maschinellen Lernens definiert werden, da die Lernkapazität beim Deep Learning deutlich größer ist als beim reinen maschinellen Lernen. Aufgrund dieser Eigenschaft eignen sich KI-Systeme auf Basis von Deep Learning deutlich besser für Aufgaben, die eine hohe Erfahrung im Umgang mit spezifischen Situationen erfordern. Beispiele hierfür sind z. B. das autonome Fahren oder das Erkennen einer Hunderasse auf einem Foto mit einer großen Anzahl unterschiedlicher Hunde.

Der Prozess des Lernens beim Deep Learning unterscheidet sich von anderen Lernprozessen im Bereich des ML. Soll eine KI auf Basis von ML beispielsweise darauf trainiert werden, eine bestimmte Objektart wie einen Hund zu erkennen, muss zunächst dem System eine lange Liste möglicher Erkennungsparameter zur

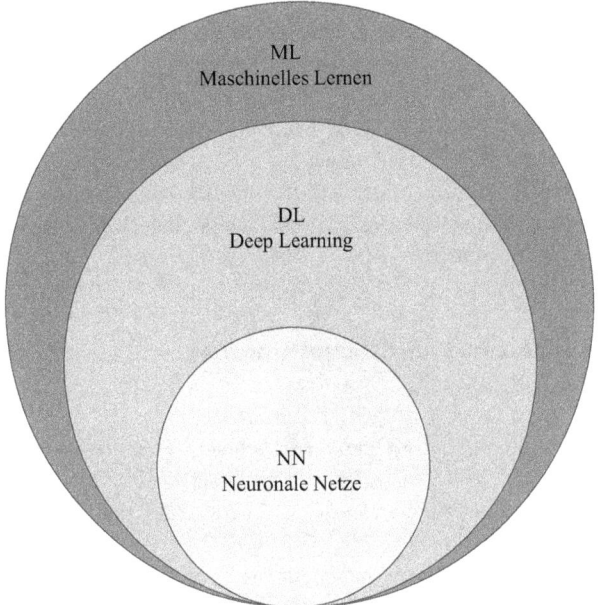

Abb. 2.3 KI-Lernprozesse

Verfügung gestellt werden, damit der Lernprozess funktionieren kann. Beim Deep Learning hingegen reicht es aus, dem System eine große Menge von Input zu liefern, die das System im nächsten Schritt nutzt, um die Erkennungsparameter selbstständig zu entwickeln.

Dennoch bedeutet dies nicht, dass das Trainieren einer KI auf Basis von Deep Learning deutlich einfacher wäre als beim reinen maschinellen Lernen. Dies liegt besonders an dem hohen Bedarf von Inputmaterial zur autonomen Merkmalsbestimmung. Es ist demnach immer von der jeweiligen Ausgangssituation abhängig, ob Deep Learning einen relevanten Vorteil bietet. Die bestimmenden Faktoren sind die auszuführende Aufgabe sowie die Summe verfügbarer Trainingsdaten.

Die Basis der Funktionsweise des maschinellen Ler'"durch Deep Learning ist ein neuronales Netz. Dieses Prinzip basiert auf dem Aufbau eines menschlichen Gehirns, sodass wie beim Gehirn Knoten gebildet werden, die in mehrere Schichten aufgeteilt sind. Die Knoten, die auch als künstliche Neuronen bezeichnet werden, dienen zur Verteilung der empfangenden Daten an die jeweiligen Schichten. Das gesamte Schichtsystem innerhalb des neuronalen Netzes arbeitet zusammen, um eine bestimmte Aufgabe in verschiedene Komplexitätsebenen zu unterteilen. Hierdurch wird erreicht, dass beispielsweise bei der Erkennung einer Hunderasse zunächst in der ersten Schicht identifiziert wird, ob es sich um einen Hund oder ein anderes Tier handelt und dass im nächsten Schritt dann identifiziert wird, welche Fellart der Hund hat. Dies erlaubt ähnlich wie bei einem Trichter, die Analyse bei Bedarf immer weiter zu verfeinern und Aufgaben zu separieren. Schichten verfügen somit über eine Art Spezialisierung, sodass nur bestimmte Lernaspekte notwendig sind und nicht alle Schichten als eine Art Generalist dienen müssen.

2.3.2   Verarbeitung natürlicher Sprache

Die Verarbeitung natürlicher Sprache ist ein elementarer Teilbereich der KI. Im Kern dieser Technologie, die im englischsprachigen Raum oft auch als „Natural Language Processing" (NLP) bezeichnet wird, geht es darum, ein System bzw. einen Computer in die Lage zu versetzen, Texte und gesprochene Sprache zu verstehen und zu verarbeiten.

Die Basis von NLP ist eine Mischung aus dem zuvor vorgestellten Deep Learning, der Anwendung statistischer Methoden und der Verwendung sprachlicher Regelwerke. Dies ist erforderlich, da bei der menschlichen Sprache Aussagen mehrdeutig sein können. Somit bedarf es in jedem Fall einer Analyse der eigentlichen Aussageintention. Weitere elementare Inputs für diese Analyse sind Parameter wie der Satzbau oder die Betonung. Somit geht es nicht nur, wie die Bezeichnung NLP fälschlicherweise vermuten lässt, um das reine Verarbeiten natürlicher Sprache. Vielmehr soll die Intention der geschriebenen und gesprochenen Sprache verstanden werden.

Natural Language Processing kann in verschiedene NLP-Aufgabentypen unterteilt werden (siehe auch Abb. 2.4). Diese sind:

1. **Spracherkennung:** Der Aufgabentyp der Spracherkennung sorgt dafür, dass gesprochene Sprache in einen Text umgewandelt werden kann. Aus diesem Grund wird auch oft von „Speech-to-Text" gesprochen. Eine zentrale Herausforderung bei diesem Aufgabentyp ist der hohe Grad der Individualisierung in der gesprochenen Sprache, da Menschen gleiche Aussagen unterschiedlich betonen oder über verschiedene Akzente und Dialekte verfügen.
2. **Zuordnung von Wortarten:** Gleiche Wörter können je nach vorliegender Sprache und Grammatik zu unterschiedlichen Wortarten zählen. Die Zuordnung der richtigen Wortart ist essenziell, um die richtige Bedeutung aus dem

NLP-Aufgabentypen			
Spracherkennung	Zuordnung von Wortarten	Unterscheidung von Wortbedeutungen	Erkennung von Eigennamen
Identifikation von Koreferenzen	Sentimentanalyse	Generierung von Sprache	

Abb. 2.4 NLP-Aufgabentypen

jeweiligen Wort abzuleiten. Aus diesem Grund ist die Zuordnung einer Wortart eine notwendige Funktion im Bereich NLP.

Beispiel: verlegen („Ich darf meinen Schlüssel nicht verlegen" [Verb] „Ich werde immer ganz verlegen" [Adjektiv])

3. **Unterscheidung von Wortbedeutungen:** Gleiche Wörter können nicht nur unterschiedlichen Wortarten zugeordnet werden, sondern zusätzlich besteht die Möglichkeit, dass die gleichen Wörter der gleichen Wortart zugeordnet werden, aber unterschiedliche Bedeutungen haben. Die Bedeutung des jeweiligen Wortes ist stark abhängig vom jeweiligen Textkontext. Somit ist eine wesentliche Aufgabe im Bereich NLP, die korrekte Wortbedeutung eines Wortes innerhalb eines bestimmten Kontexts zuzuordnen.

Beispiel: Bank („Ich sitze auf der Bank" [Sitzgelegenheit] „Ich hebe auf der Bank Geld ab" [Finanzinstitut])

4. **Erkennung von Eigennamen:** Die Verwendung von Eigennamen für Personen oder Dinge ist ein elementarer Bestandteil der menschlichen Sprache. Die Identifizierung solcher Eigennamen ist eine zentrale Funktion im Bereich des NLP, da diese beispielsweise Einfluss auf Übersetzungen oder die Bedeutung von Textinhalten haben.

5. **Identifikation von Koreferenzen:** Bei Koreferenzen handelt es sich um zwei Wörter, die sich aufeinander beziehen, auch wenn es nicht das gleiche Wort ist.

Beispiel: „er" als Ersatz (Pronomen) für einen zuvor verwendeten Männernamen. Somit muss eine KI in der Lage sein, das Pronomen „er" in einem zweiten Satz korrekt dem Substantiv aus einem vorherigen Satz zuzuordnen.

6. **Sentimentanalyse:** Die Bedeutung von Aussagen kann sich stark unterscheiden, je nachdem, wie eine Aussage formuliert wird. So kann es sich beispielsweise um eine sarkastische Aussage handeln, auch wenn die reine Bedeutung ohne semantischen Kontext anders wäre. Damit eine KI die menschliche Sprache gut verstehen kann, ist es erforderlich, dass sie in der Lage ist, eine Sentimentanalyse durchzuführen, um die wahre Intention einer Aussage zu identifizieren. Beispiel: „Na das ist ja super gelaufen."

7. **Generierung von Sprache:** Ob der Bereich der Sprachgenerierung auch zum Thema der Sprachverarbeitung gezählt wird, ist stark von der verwendeten Literatur oder berücksichtigten Expertise abhängig. Dennoch soll im Rahmen dieses Buches zugunsten einer möglichst vollständigen Darstellung dieser funktionale Bereich erwähnt werden. Bei der Generierung von Sprache handelt es sich um die Fähigkeit einer KI, Texte in gesprochene Sprache umzuwandeln. Es handelt sich demnach um eine Art Gegenteil von NLP. Eine KI ist je nach Modell fähig, Text auszusprechen, verschiedene Stimmen und Akzente zu verwenden und Sätze entsprechend der jeweiligen Intention zu betonen.

Natural Language Processing ist die Basis vielfältiger Anwendungen im Bereich der KI, beispielsweise in der automatischen Kundenbetreuung. Weitere prominente Beispiele sind smarte Sprachsysteme in Smart-Home-Geräten oder Smartphones.

2.3.3   Computer-Vision

Computer-Vision ist ebenfalls ein Teilbereich der KI. Wenn KI als Pendant des menschlichen Gehirns verstanden wird, kann Computer-Vision als Nachahmung des menschlichen Sehvermögens definiert werden. Im Kern geht es darum, eine KI in die Lage zu versetzen, visuelle Informationen wie Bilder oder Videos wahrzunehmen, diese zu verarbeiten und entsprechende Aktionen auf Basis der generierten Informationen auszulösen. Computer-Vision wird bereits in vielen Branchen und Anwendungsfeldern eingesetzt. Ein prominentes Beispiel ist die Automobilindustrie. Autos 8sind auf Basis von Computer-Vision in der Lage, vorausfahrende Objekte zu erkennen und können identifizieren, um welche Objektart es sich handelt, damit entsprechende Maßnahmen wie eine Notbremsung eingeleitet werden können.

Die Basis von Computer-Vision sind Lernprozesse auf Basis von Deep Learning und Convolutional Neural Netzworks (CNN). Bei CNNs handelt es sich um eine spezielle Form eines neuronalen Netzwerkes. Bei ihnen werden Bilder in einzelne Pixel zerlegt, um so Muster und Regeln optimal zu erkennen. Eine weitere Unterstützung im Bereich der Computer-Vision können wiederkehrende neuronale Netze sein. Die Spezialität dieser Netze ist es, Zusammenhänge zwischen aufeinanderfolgenden Bildern zu erkennen. Dies ermöglicht es beispielsweise, Bewegungen zu bewerten und im Idealfall vorherzusagen.

Erfolgsentscheidend für die Qualität einer KI auf Basis von Computer-Vision ist abermals die Menge und Qualität des Lerndateninputs. Soll ein Auto z. B. einen Radfahrer erkennen, muss die KI mit einer Vielzahl unterschiedlicher Bilder und Videos von Radfahrern trainiert werden, um eine Erkennung verlässlich gewährleisten zu können.

2.3.4 Robotik

Die Robotik ist ein zentraler technologischer Bestandteil der KI. Hierbei wird das Ziel verfolgt, Roboter zu programmieren und zu produzieren, welche verschiedene Tätigkeiten von Menschen übernehmen können. Der Begriff der Robotik ist dabei ein Sammelbegriff für verschiedene Roboterarten, die nachfolgend zusammenfassend vorgestellt werden.

1. **Industrieroboter:** Industrieroboter dienen dem Zweck, industrielle Prozesse teilweise oder vollständig zu automatisieren. Sie kommen z. B. bei der Fertigung von Automobilen zum Einsatz, um schwere Fahrzeugteile zu transportieren und passgenau einzusetzen. Industrieroboter können unterschiedlichste Erscheinungsformen haben, die stark von ihrem Einsatzgebiet abhängig sind.
2. **Serviceroboter:** Serviceroboter führen Dienstleistungen für Menschen aus. Hierbei werden Tätigkeiten teilweise oder vollständig übernommen, die vorher durch einen Menschen ausgeführt werden mussten. Beispiele für Serviceroboter gibt es sowohl im gewerblichen als auch im privaten Bereich. Ein prominentes Beispiel ist z. B. ein Saugroboter, der die Tätigkeit des Staubsaugens übernimmt.
3. **Assistenzroboter:** Im Gegensatz zu den vorher beschriebenen Servicerobotern führen Assistenzroboter nicht nur Aufgaben für den Menschen aus, sondern treten mit dem Menschen in direkte Interaktion, um eine Unterstützungsleistung auszuführen. So werden Assistenzroboter beispielsweise in der Medizin eingesetzt, um Pflegepersonal bei der Ausführung körperlich fordernder Tätigkeiten zu unterstützen. Dabei kann es sich z. B. um Hebe- und Transferhilfen handeln, welche das Pflegepersonal beispielsweise bei der Umlagerung von

Patienten unterstützen und so zu einer Reduktion der körperlichen Belastung des Pflegepersonals führen.

Eine weitere Unterscheidungsmöglichkeit im Bereich der Robotik sind humanoide und nicht humanoide Roboter. Humanoide Roboter werden so entwickelt, dass sie dem menschlichen Körperbau entsprechen. Sie werden häufig für die Ausführung menschlicher Tätigkeiten oder für die Interaktion mit einem Menschen entwickelt. Nicht humanoide Roboter hingegen werden mit einem Fokus auf die Ausführung von gewerblichen Dienstleistungen entworfen und verfügen daher über ein nicht menschliches Erscheinungsbild.

Unabhängig davon, um welche Roboterart es sich handelt, wird im Feld der Robotik stark auf KI-Technologien zurückgegriffen, um die Maschinen so intelligent wie möglich zu gestalten. Roboter verfügen über eine Vielzahl von Sensoren, um ihre Umwelt wahrzunehmen. Durch die Kombination dieser Informationen mit Prozessen des maschinellen Lernens werden die Roboter dazu befähigt, mit verschiedenen Situationen umzugehen und eigenständig passende Aktivitäten auszuführen.

Die Zukunft des Beratungsberufes in Zeiten von KI

Im Fokus dieses Buches steht die Frage, wie KI den Beratungsberuf verändern wird und welche Maßnahmen getroffen werden können, um den Wandel nicht nur zu überstehen, sondern positiv zu nutzen. Nachdem wir Ihnen im Rahmen der bisherigen Kapitel die wichtigsten Grundlagen der künstlichen Intelligenz vorgestellt haben, möchten wir Ihre Aufmerksamkeit nun auf die heutigen und zukünftigen Einflüsse von KI auf den Beratungsberuf lenken.

Im Rahmen dieses Kapitels beantworten wir die Frage, ob der Beratungsberuf in Zeiten von KI noch eine Daseinsberechtigung hat, welche Potenziale KI als Beratungsthema birgt und wie KI nutzenstiftend in den Beratungsprozess integriert werden kann.

Beginnen möchten wir dabei mit einer Frage, welche derzeit von vielen Beratungsunternehmen und Beratern gestellt wird: Wird der Beruf des Unternehmensberaters in einer KI-Welt überhaupt noch gebraucht?

3.1 KI im Consulting – Zukunftschance oder Gefahr für den Beratungsberuf?

Das Wichtigste zuerst: Der Beratungsberuf wird nicht aussterben – Zumindest nicht durch die Entwicklungen im Bereich der künstlichen Intelligenz. Doch KI wird die Branche und das Berufsbild des Consultings verändern. Manche Personen werden sich womöglich neu orientieren müssen. Andere werden von den KI-Einflüssen im Consulting profitieren.

Unabhängig von den Einflüssen auf Einzelpersonen werden die Branche und das Berufsbild den Wandel nicht nur überleben, sondern es werden sich neue

M. H. Dahm und B. Schulz, *Künstliche Intelligenz im Consulting,* essentials, https://doi.org/10.1007/978-3-658-45060-1_3

Möglichkeiten und Chancen ergeben, die, wenn sie klug genutzt werden, für Kunden und Berater gleichermaßen vorteilhaft sind.

Doch welche Gründe sprechen dafür, dass der Beratungsberuf durch den Einfluss von KI nicht aussterben wird? Lassen Sie uns einen Blick auf mögliche Begründungen werfen.

Der Beruf des Unternehmensberaters verfügt über einige Merkmale und Besonderheiten, welche den flächendeckenden Einsatz von KI erschweren. Dies sorgt dafür, dass zwar bestimmte Aufgabenschritte oder Teilbereiche des Berufes auf Basis von KI digitalisiert und automatisiert werden können, eine vollständige Übernahme von Aufgabenbereichen zum aktuellen Zeitpunkt aber unwahrscheinlich ist.

Ein erster Grund, der diese Aussage stützt, ist der hohe Grad an Individualität innerhalb von Beratungsprojekten. KI-Anwendungen sind besonders dann leistungsstark und produktiv, wenn es sich bei den zu übernehmenden Tätigkeiten um sich wiederholende Aufgaben handelt, welche auf Basis eines festen Lösungsmusters bearbeitet werden können. Zwar sind KI-Anwendungen in der Lage, mit individuellen Anforderungen und Input-Parametern umzugehen; unterscheidet sich allerdings eine Aufgabe in einem zu hohen Maße von bereits geleisteten Aktivitäten, stoßen KI-Anwendungen noch an ihre Grenzen.

KI-Systeme sind zwar in der Lage zu lernen. Wir möchten an dieser Stelle an die Themen Machine Learning und Deep Learning erinnern (Abschn. 2.3.1). Allerdings wird hierfür eine große Menge an Lernmaterial benötigt, welches einerseits in Beratungsprojekten oft nicht vorliegt und andererseits einen hohen Kosten- und Zeitaufwand erfordern würde, welcher in oft kurz- und mittelfristigen Beratungsprojekten nicht vertretbar wäre.

Zusätzlich ist bei dieser Fragestellung festzuhalten, dass eine Lösung, welche für den Kunden A optimal ist, nicht automatisch für den Kunden B optimal sein muss. Somit bedarf es in vielen Fällen einer individuellen Kundenbetrachtung, welche zum aktuellen Zeitpunkt besser durch einen Berater geleistet werden kann.

Ein weiterer Grund, warum KI-Anwendungen den Beruf des Unternehmensberaters nicht vollständig ersetzen können, ist die nicht gewährleistete Datenverfügbarkeit in Kundenunternehmen. Die Betrachtung der KI-Grundlagen in Kap. 2 hat gezeigt, dass KI-Anwendungen Daten benötigen, welche durch statistische Verfahren ausgewertet und verwendet werden können. Würde ein Kundenunternehmen über eine vollständig aufbereitete und zugängliche Datenlandschaft verfügen, so hätten KI-Anwendungen ein relativ leichtes Spiel, nennenswerte Beiträge zu leisten, welche normalerweise durch Berater erfolgen würden. Doch ein solches Kundenunternehmen ist in der Realität eher selten anzutreffen, sodass für

KI-Anwendungen häufig die Grundlage für eine vollständige Situationsanalyse fehlt.

Ein weiteres Argument, welches unsere Einschätzung untermauert, ist die Relevanz von Soft Skills in der Beratung. Auf diesen Punkt werden wir im weiteren Verlauf dieses Buches noch explizit eingehen. Doch vorwegnehmend kann zusammengefasst werden, dass viele Aufgaben in der Unternehmensberatung den Einsatz zwischenmenschlicher Fähigkeiten erfordern. KI-Anwendungen sind zwar in der Lage, diese zu imitieren (z. B. durch die Interaktion mit einem Chatbot), ein menschliches Niveau in Bezug auf z. B. die Wahrnehmung von Meta-Kommunikation wurde bisher allerdings nicht erreicht.

Zum Abschluss unserer Argumentation möchten wir einen Punkt anbringen, welcher zwar nicht für alle Beratungen gültig ist, dennoch aber eine Realität spiegelt, die auf viele Beratungen und Kundenunternehmen zutrifft. Unternehmensberater werden häufig von Kundenunternehmen beauftragt, vakante Projektpositionen zu besetzten, welche durch das jeweilige Kundenunternehmen intern nicht besetzt werden können oder nicht besetzt werden sollen. Hierbei kann es sich z. B. um Positionen handeln, die nur für einen bestimmten Zeitraum benötigt werden und daher nicht durch einen dauerhaften Mitarbeiter besetzt werden sollen. Andererseits kann es sich um Positionen handeln, die aufgrund des Fachkräftemangels zum jeweiligen Zeitpunkt nicht besetzt werden können, jedoch dringend gebraucht werden. Berater dienen somit als kurz- und mittelfristiger Ausgleich für Personalengpässe oder temporäre Positionen. Ein Einsatz einer KI für diesen Use-Case ist eher unwahrscheinlich, weshalb auch dieser Faktor für den Fortbestand des Berufsbildes des Unternehmensberaters spricht.

Auch wenn KI derzeit nicht das Potenzial hat, den Beraterberuf vollständig zu ersetzen, wird die Technologie den Beruf und die gesamte Beratungsbranche verändern. Doch welche Änderungen sind zu erwarten und welche Chancen können sich hieraus perspektivisch ergeben?

Im weiteren Verlauf dieses Kapitels möchten wir besonders auf zwei Themenbereiche eingehen, welche aus unserer Sicht am relevantesten für diese Fragestellung sind. Hierbei handelt es sich um die KI-seitige Unterstützung von Unternehmensberatern sowie um die steigende Relevanz der KI-Beratung.

3.2   Der KI-gestützte Berater

Beschäftigt man sich mit den Auswirkungen von künstlicher Intelligenz auf die Arbeitswelt, so wird man mit vielfältigen Vorteilen von KI konfrontiert. Natürlich werden auch Gefahren und Risiken genannt, doch die Begeisterung über die technischen Möglichkeiten zur Optimierung der individuellen Arbeitsleistung scheint zu überwiegen. Doch welche Vorteile sind in der Unternehmensberatung bereits heute erkennbar und in Zukunft zu erwarten?

Wie bereits festgestellt, wird KI den Unternehmensberater in absehbarer Zeit nicht ersetzen. Es geht vielmehr darum, dass Berater heute und in Zukunft durch KI-Anwendungen und neue Technologien unterstützt werden und hierdurch positive Effekte für ihre eigene Arbeitsleistung realisieren können. Wir sprechen hierbei von KI-gestützten Beratern, welche durch den gezielten Einsatz von KI-Technologien ihre Beratungsleistung nennenswert optimieren können. Im Zentrum dieser Optimierungen stehen aus unserer Sicht drei Kernaspekte: Effizienz, Wissen und Fähigkeiten.

3.2.1   Steigerung der Effizienz

Sprechen wir zunächst über das Thema der Effizienz. Eine Studie des Medienunternehmens *Forbes,* das sich unter anderem auf Themen der Digitalisierung spezialisiert hat, sagt aus, dass KI über hohes Potenzial für die Beschleunigung von Aufgaben verfügt. Ein Beispiel hierfür ist die Datensammlung, die im Berufsalltag eines Unternehmensberaters eine hohe Relevanz hat. Laut der Studie können ca. 60 % aller Tätigkeiten in diesem Bereich durch eine KI günstiger, schneller und besser ausgeführt werden. Gleiches gilt für die Datenanalyse. Hier spricht die Studie von einer Übernahmemöglichkeit von ca. 70 %. Somit kann KI einen Unternehmensberater unterstützen, Ergebnisse schneller durch einen hohen Automatisierungsgrad zu erzielen, und bietet zudem das Potenzial, die Qualität der Ergebnisse zu verbessern (Brown 2021).

Laut Angaben des Beratungsunternehmens *BCG* bieten besonders generative KI-Anwendungen die Chance, Leistungen eines Unternehmensberaters signifikant zu verbessern. Dennoch wird darauf hingewiesen, dass das Verbesserungspotenzial stark von der jeweiligen Tätigkeit und dem jeweiligen Berater abhängig ist. So gibt es beispielsweise Tätigkeitsbereiche, bei denen der Einsatz von KI im Arbeitsprozess eher zu einer Verschlechterung der Qualität oder Produktivität führt. Die Aussagen des Beratungsunternehmens basieren auf einem eigens durchgeführten Experiment, bei dem Teilnehmende mit der Durchführung zweier verschiedener Aufgaben beauftragt wurden. Die Hälfte der Teilnehmer durfte GPT-4, eine generative KI-Lösung von *OpenAI*, nutzen. Die restlichen Teilnehmer erhielten keine KI-Unterstützung. Bei der ersten Aufgabe ging es darum, neue Produktideen und Pläne für die Markteinführung dieser Ideen zu entwickeln. Die Teilnehmer, die GPT-4 für die Ausführung der Aufgaben einsetzen durften, zeigten eine Leistung, die um ca. 40 % besser war als die der Teilnehmer, die keine KI-Unterstützung erhielten. Auch wenn dieses Ergebnis vielversprechend für den Einsatz von KI in der Unternehmensberatung aussieht, zeigt der zweite Tätigkeitsbereich ein Ergebnis, das eine Differenzierung der Nutzenbewertung von KI im Consulting erforderlich macht. Bei der zweiten Aufgabe ging es darum, Probleme und Herausforderungen eines Unternehmens durch die Analyse von Unternehmensdaten und die Durchführung von Interviews mit Führungskräften zu identifizieren. Anders als bei der ersten Aufgabe schnitten die Teilnehmer, die GPT-4 für die Ausführung der Aufgabe genutzt haben, im Schnitt ca. 20 % schlechter ab als die Teilnehmer, die keine KI-Unterstützung erhielten (Candelon et al. 2023).

Das Ergebnis des BCG-Experiments zeigt, dass KI zwar in bestimmten Aufgabenbereichen den Alltag des Unternehmensberaters nennenswert optimieren und unterstützen kann. Dennoch sollte KI nicht blind für alle Aktivitäten eingesetzt werden, da hierdurch nicht immer ein Vorteil entsteht. KI ist besonders für datenlastige und sich wiederholende Prozesse geeignet und kann hier einen relevanten Mehrwert liefern. Aufgaben oder Herausforderungen ohne die Verfügbarkeit von Daten oder mit einem großen Spielraum für Entscheidungen stellen KI-Anwendungen allerdings nach wie vor Herausforderungen, sodass Berater hierbei derzeit noch nicht von KI profitieren können (Turner 2023).

3.2.2 Unterstützung durch KI-Wissen

Ein weiterer Faktor, welcher den Einsatz von KI in der Unternehmensberatung legitimiert, ist die Unterstützung des Beraters durch Wissen. Die Arbeit des Beraters basiert einerseits auf bestehendem Fach- und Methodenwissen und andererseits auf der Fähigkeit, neues Wissen in kurzer Zeit aufzubauen. Besonders im letztgenannten Bereich können Berater durch den Einsatz von KI-Anwendungen profitieren.

Bereits vor dem aktuellen Boom der KI hatten Berater Zugriff auf mehr Wissensquellen, als sie selbst verarbeiten konnten. Das Internet und interne Wissensdatenbanken der Unternehmen sind überfüllt mit teils relevanten und teils weniger relevanten Informationen. Die Herausforderung ist somit nicht, dass

Wissen nicht verfügbar ist. Vielmehr geht es darum, das verfügbare Wissen zu durchsuchen, relevante Quellen zu identifizieren und diese Inhalte entsprechend verständlich zu machen.

Auch in diesem Bereich sind KI-Anwendungen, besonders im Feld der generativen KI, großartige Möglichkeit zur Unterstützung. Berater haben hierdurch die Möglichkeit, durch gezielte Suchen, sogenannte Prompts, relevantes Wissen in der Fülle von verfügbaren Informationen zu lokalisieren und je nach Fragestellung aufbereitet zu bekommen. Besonders interne Wissenssysteme, welche eigens durch Unternehmensberatungen entwickelt werden, bieten die Möglichkeit, relevantes und qualitativ hochwertiges Wissen durch generative Anwendungen schnell und adressatengerecht verfügbar zu machen.

Zusammenfassend haben Berater somit die Möglichkeit, den Prozess der Informationssuche und -bewertung zu optimieren und Resultate schneller zu verstehen sowie weiterzuverarbeiten.

3.2.3   Neue Fähigkeiten durch KI-Einsatz

Zum Abschluss möchten wir auf einen Bereich eingehen, welcher häufig bei der Bewertung der Möglichkeiten des KI-Einsatzes in der Beratung übersehen wird. Die Rede ist dabei von der Fähigkeitserweiterung durch KI.

Beginnen wir mit einem Beispiel: Bislang gab es in der Beratungswelt häufig eine Art natürliche Trennung zwischen den fachlichen Beratern (z. B. Betriebswirtschaftler) und den technischen Beratern (z. B. Softwareentwickler). Wollte bis dato ein fachlicher Berater seinem Kunden ein Konzept durch die Entwicklung eines Prototyps visualisieren, war dieser auf die Unterstützung eines technischen Beraters, in diesem Falle eines Softwareentwicklers, angewiesen. Diese Trennung hat allerdings einige Nachteile. Durch die Integration weiterer Prozessteilnehmer besteht die Gefahr der Verzögerung, da beispielsweise ein Wissenstransfer stattfinden muss oder die Verfügbarkeiten nicht immer optimal abgestimmt werden können. Zusätzlich besteht bei der Erstellung von Prototypen häufig das Potenzial, dass diese nur kurzfristig gebraucht werden und im Anschluss, aufgrund eines neuen Ansatzes, wieder verworfen werfen. Es entstehen also potenzielle Opportunitätskosten.

Auch in diesem Bereich können Berater vom KI-Einsatz profitieren. Bereits heute kann eine KI schriftlich beauftragt werden, kleinere bis mittelgroße Anwendungen zu erstellen. Beispiele hierfür sind die Erstellung von Websites, die Anpassung von Softwarecode oder die Anpassung von Prozessen. War für eine solche Arbeit in der Vergangenheit die Arbeit eines Softwareentwicklers notwendig, hat der fachlicher Berater heute die Möglichkeit, diese Tätigkeiten eigenständig und nahezu live im Beisein des Kunden durchzuführen. Natürlich sprechen wir in diesem Kontext nicht über finale Arbeitsergebnisse. Es geht vielmehr darum, Ideen und Konzepte schnell in Form von Prototypen zu visualisieren und so für ein besseres Berater-Kunde-Verständnis zu sorgen.

Blicken wir in die Zukunft, wird sich dieser Effekt noch weiter verstärken. Die Art und Weise, wie Menschen mit Systemen (z. B. Computern) interagieren, wird sich durch den Einfluss von KI ändern. Berater, besonders jene fachlicher Natur, werden hiervon profitieren.

Doch nicht nur fachliche Berater sind die Gewinner dieser Entwicklung. Denn auch eher technische Berater haben durch KI die Möglichkeit, Fähigkeiten aufzubauen, welche bisher eher nicht Fokus gewesen sind. Die Rede ist hierbei von fachlichen Beratungsansätzen, optimierter Kommunikation oder automatischer Dokumentation.

Abschließend möchten wir im Sinne einer vollständigen Betrachtung anmerken, dass nicht jede Tätigkeit für die Delegation an eine KI geeignet ist. Besonders die Prozesse, welche Kreativität, zwischenmenschliche Fähigkeiten oder individuelle Lösungsansätze erfordern, sind nach wie vor besser bei menschlichen Beratern aufgehoben. Zusätzlich ist es wichtig, dass Arbeitsergebnisse durch den Berater überwacht und bei Bedarf korrigiert werden, da KI-Anwendungen nach wie vor Fehler machen und diese nicht in das Beratungsergebnis integriert werden dürfen.

3.3 KI-Consulting als neues Beratungsfeld

Viele Unternehmen sind derzeit mit der Frage konfrontiert, ob der Einsatz von KI das Potenzial für die Einsparung von Kosten oder die Optimierung der eigenen Produkte haben kann. Da es sich für viele Unternehmen bei KI allerdings um ein neues Thema handelt, das von vielen fachfremden Personen als komplex und technologisch anspruchsvoll eingeschätzt wird, besteht ein wachsender Bedarf an Beratungsleistungen im Kontext der künstlichen Intelligenz.

Eines der Hauptthemen für Unternehmen ist die Frage, ob KI in die Unternehmensprozesse und die IT-Landschaft der Unternehmen integriert werden kann. Hierbei ist die gesamte Prozesskette von der Auswahl passender Use-Cases, der Anbieter- und Lösungsselektion über die Lösungsentwicklung oder -integration, die Anpassung von Unternehmensprozessen bis hin zum Betrieb von

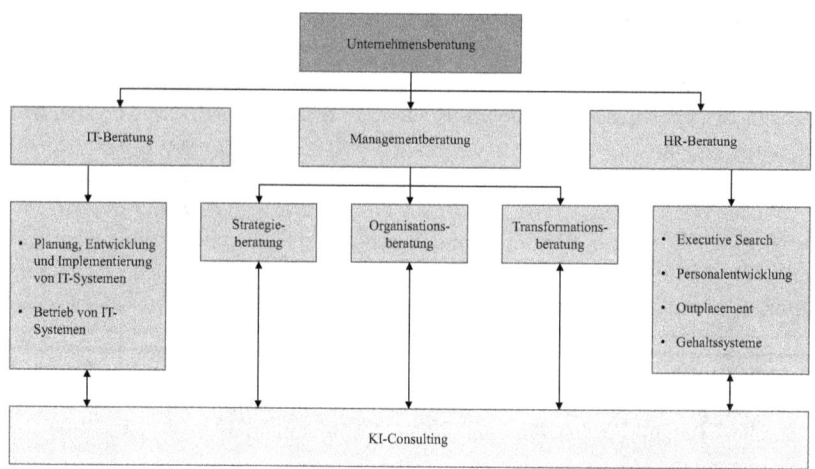

Abb. 3.1 KI-Consulting

KI-Lösungen relevant. Es besteht somit erhebliches Potenzial für Beratungsangebote, was bereits heute von vielen Beratungen erkannt wurde. KI-Consulting ist hierdurch zu einem neuen und äußerst relevanten Beratungsfeld geworden, welches in Zukunft weiterwachsen wird.

KI-Consulting ist dabei nicht nur im Bereich des IT-Consultings relevant, sondern hat Berührungspunkte mit nahezu allen Bereichen der Unternehmensberatung (siehe auch Abb. 3.1).

So tangiert das KI-Consulting z. B. in hohem Ausmaß den Bereich der Managementberatung, da der Einsatz von KI vielfältige strategische Überlegungen erfordert und im Rahmen vielfältiger Transformationsprozesse realisiert werden muss. Zusätzlich ist auch das HR-Consulting betroffen, da die Integration von KI in Unternehmensprozesse dazu führen kann, dass Aufgabenbereiche von Mitarbeitern umgestaltet werden müssen oder durch den aktuellen Fachkräftemangel ausgelöste personelle Lücken kompensiert werden können.

Besonders die großen nationalen und internationalen Beratungsunternehmen haben in diesem Themenfeld für Aufsehen gesorgt. Das weltweit größte Beratungsunternehmen *Accenture* investiert beispielsweise rund 3 Mrd. US$ in den Aufbau eines KI-Expertenteams. Insgesamt ist geplant, rund 80.000 Experten in diesem Themenbereich aufzubauen, um die Chancen der KI als Beratungsthema zu nutzen und sich als Marktführer im Bereich der KI-Beratung zu positionieren.

Auch die anderen Topberatungen, z. B. McKinsey oder BCG, versuchen, ein Beratungsangebot mit entsprechender Marktsichtbarkeit und -durchdringung zu entwickeln. KI-Beratung wird oft als „Next Big Thing" im Consulting bezeichnet. Das Beratungsunternehmen McKinsey setzt primär auf das Argument der Effizienzsteigerung, um Beratungsleistungen im Bereich der KI zu verkaufen. Hierfür veröffentlichte das Unternehmen kürzlich eine eigens angefertigte Studie. Zentrale Aussagen der Studie sind z. B., dass generative KI-Technologien wie ChatGPT das Potenzial haben, einen jährlichen Produktivitätsgewinn von 2,6 bis 4,44 Mrd. US$ zu ermöglichen. Um das Potenzial solcher Aussagen in der Praxis zu erschließen, hat das Unternehmen bereits laut eigener Aussage über 1.000 Consultants einstellt, die im Auftrag der eigenen KI-Marke Quantum Black KI-Beratungsleistungen anbieten (Kewes 2023).

Ein anderer Ansatz wird von dem prominenten Beratungsunternehmen Boston Consulting Group (BCG) verfolgt. Neben der reinen Beratung von Kunden zum Thema KI möchte das Unternehmen als erstes Beratungsunternehmen gelten, das zusätzlich KI-Technologie anbietet und somit als Generalanbieter auftritt. Auch das Beratungsunternehmen Bain verfolgt einen ähnlichen Ansatz und sorgte im Jahr 2023 für Schlagzeilen, als es eine Kooperation mit dem Anbieter der Lösung ChatGPT, OpenAI, verkündete.

Ein relevantes Unterthema der KI ist die Entwicklung von Datenstrategien für Beratungskunden. Wie bereits mehrfach im Rahmen dieses Buches dargestellt, sind KI-Modelle davon abhängig, Daten für das Lernen von Funktionen zu nutzen. Somit ist die Unterstützung von Unternehmen bei der Entwicklung passender KI-Datenstrategien als Grundstein der KI-Nutzung eine relevante Beratungsleistung, die flächendeckend von Beratungsunternehmen angeboten wird.

Es kann zusammengefasst werden, dass KI bereits heute ein relevantes Beratungsfeld für Unternehmensberatungen ist, das über ein großes Wachstumspotenzial verfügt. Somit ist der Berufszweig des KI-Beraters eine relevante Erweiterung des Beratungsberufes, der in Zukunft noch weiter an Bedeutung gewinnen wird.

3.4 Potenzielle Verlierer der KI-Revolution im Consulting

Wie im Rahmen dieses Kapitels dargestellt, werden die heutigen und absehbaren zukünftigen Entwicklungen im Bereich der KI nicht dazu führen, dass der Beruf des Unternehmensberaters aussterben wird. Doch auch wenn diese positive

Nachricht erfreulich ist, gibt es nennenswerte Risiken für Unternehmensberater in Bezug auf ihre berufliche Zukunft, welche wir nachfolgend zusammenfassend darlegen möchten.

KI sorgt in der Beratung dafür, dass Berater sich auf höherwertige Aufgaben konzentrieren können, da sich wiederholende und einfache Tätigkeiten bereits heute an KI-Anwendungen delegiert werden können. Es kommt so gesehen zu einer Art „Job Enlargement" und „Job-Enrichment".

Doch was passiert mit solchen Beratern, welche primär in jenen Bereichen aktiv sind, welche heute und in Zukunft durch KI-Anwendungen ausgeführt werden können? Trotz aller positiven Effekte sehen wir in diesem Bereich ein Risiko für die Unternehmensberatung.

Nehmen wir z. B. einen Berater, welcher seinen beruflichen Fokus auf den Themen der Präsentationserstellung, Texterstellung, Datenanalyse oder sonstigen Beistellungsleistungen hat. In einem solchen Fall prognostizieren wir ein Spannungsfeld zwischen der KI und dem Berater, da für den Einsatz des teureren menschlichen Beraters, besonders bei weiterer Entwicklung von KI-Systemen, irgendwann die Argumentation in internen und externen Kreisen schwierig wird. Solche Mitarbeiter laufen Gefahr – und so ist es auch in anderen Branchen –, von KI-System ersetzt zu werden.

Es wird daher solchen Mitarbeitern empfohlen, zu prüfen, welche Mehrwerte gegenüber einer KI geleistet werden können und ob eine Ausweitung des eigenen Arbeitsfeldes sowie der eigenen Kompetenzen möglich und sinnvoll wäre.

Transformation von Tätigkeiten und Anforderungen in der KI-gestützten Beratung

KI verändert das Berufsbild des Unternehmensberaters. Dies hat direkte Auswirkungen auf die Tätigkeiten eines Beraters sowie auf die Anforderungen an den Berufsstand.

Im Rahmen dieses Kapitels möchten wir Ihnen einen Überblick geben, welche Änderungen konkret zu erwarten sind und auf welche Tätigkeiten und Anforderungen KI zum aktuellen Zeitpunkt keinen Einfluss hat bzw. haben wird. Wir teilen dabei die Bereiche Tätigkeiten und Anforderungen jeweils in die Kategorien „sinkende Relevanz", „gleichbleibende Relevanz" und „neue Tätigkeit bzw. Anforderung" ein.

Auch wenn wir uns bemühen, möglichst viele Beispiele zu nennen, hat unsere Darstellung keinen Anspruch auf Vollständigkeit. Sie soll vielmehr Ihren Blick schärfen und Sie in die Lage versetzen, selbst zu beurteilen, ob eine Anforderung bzw. Tätigkeit das Potenzial hat, durch den Einfluss von KI an Relevanz zu verlieren.

Werfen wir zunächst einen Blick auf die Tätigkeiten der Unternehmensberatung.

M. H. Dahm und B. Schulz, *Künstliche Intelligenz im Consulting,* essentials, https://doi.org/10.1007/978-3-658-45060-1_4

4.1 Wie KI die Tätigkeiten in der Unternehmensberatung verändert

4.1.1 Tätigkeiten mit sinkender Relevanz

Anwendungen auf Basis von KI haben in verschiedenen Bereichen das Potenzial, Tätigkeiten eines Unternehmensberaters zu übernehmen bzw. den Berater hierbei nennenswert zu unterstützen. Deutlich geworden ist allerdings, dass es sich hierbei heute und in Zukunft eher um leichtere oder zuarbeitende Tätigkeiten handelt, die nicht an der Spitze der Wertschöpfung des Berufes stehen. Dennoch besteht das Potenzial, dass Berater nennenswert entlastet werden, sofern Anwendungen effektiv eingesetzt werden. Zudem besteht die Gefahr, dass Mitarbeiter, die primär Tätigkeiten in den nachfolgend genannten Bereichen ausführen, keinen großen Mehrwert mehr im Vergleich zum Einsatz einer KI-Anwendung bieten können.

Texterstellung

Die Erstellung von Texten wird heute in vielen Bereichen der Unternehmensberatung durchgeführt. Hierbei handelt es sich einerseits um alltägliche Themen wie das Schreiben von E-Mails oder sonstigen Korrespondenzen. Andererseits wird die Texterstellung für die Zusammenfassung von Analyse- und Projektergebnissen oder zur Dokumentation von Informationen benötigt. In diesem Bereich haben KI-Anwendungen bereits heute eine hohe Relevanz, welche in Zukunft noch weiter steigen wird. Textbasierte generative KIs wie ChatGPT übernehmen die Formulierung von Texten und gehen hochgradig auf den Input des Auftraggebers ein, sodass die sprachliche Darstellung adressatengerecht ist, die Inhalte der gewünschten Zielsetzung entsprechen und Schwerpunkte wunschgemäß umgesetzt werden. Der Unternehmensberater hat hierdurch heute und in Zukunft die Möglichkeit, viele Tätigkeiten im Bereich der Texterstellung an eine KI zu übergeben. Hierdurch besteht die Chance, Aufgaben schneller und hochwertiger auszuführen. Dennoch ist das Risiko zu beachten, dass der Auftraggeber eines Unternehmensberaters Tätigkeiten in diesem Bereich eigenständig auf Basis von KI-Anwendungen ausführt, sodass der Einsatz eines Consultants für diesen spezifischen Tätigkeitsbereich nicht mehr erforderlich ist. Allerdings handelt es sich bei der Texterstellung eher um eine Tätigkeit, welche die Ausführung anderer Tätigkeiten ermöglicht, und nicht um eine Haupttätigkeit im Vergleich zu einem Schriftsteller, sodass das Risiko für den Beruf des Beraters als eher gering bewertet wird.

Datensammlung und -analyse
Hierbei handelt es sich nicht nur um eine bedeutsame Tätigkeit im Beratungsalltag eines Unternehmensberaters, sondern auch um eine der Königsdisziplinen der KI. Erst die Auswertung von Daten ermöglicht Funktionen im Bereich der KI, sodass hier von einer Kernkompetenz der KI gesprochen werden kann. Somit besteht heute und in Zukunft ein hohes Potenzial, dass KI-Anwendungen Tätigkeiten eines Unternehmensberaters in diesem Bereich übernehmen oder zumindest hochgradig unterstützen werden.

Recherche, Sammlung und Aufbereitung von Wissen
Weitere Tätigkeiten, die heute schon und in Zukunft im verstärkten Maße durch eine KI übernommen werden können, sind die Recherche, Sammlung und Aufbereitung von Wissen. Beispiele für Tätigkeiten in diesem Bereich aus dem Beratungsalltag sind die Durchführung von Markt- und Wettbewerbsanalysen oder die Sammlung von Ideen für die Optimierung eines Produktes. KI-Anwendungen können frei zugängliche Informationen aus dem Internet oder eine eigens erstellte Wissensquellenutzen, um den gewünschten Wissens-Output in kurzer Zeit und hoher Qualität zusammenzustellen. Somit besteht auch in diesem Tätigkeitsbereich ein hohes Potenzial für die Aufgabenübernahme durch eine KI.

Erstellen von Präsentationen, Identifizieren oder Erstellen passender Bilder
Eine Tätigkeit, die häufig im Bereich der Unternehmensberatung ausgeführt wird, ist die Erstellung von Präsentationen. Diese Output-Form dient dazu, Informationen übersichtlich darzustellen, Entscheidungen vorzubereiten oder Projektteilnehmer von bestimmten Aktivitäten zu überzeugen. Häufig werden für diese Tätigkeit Junior-Berater eingesetzt, die die Ergebnisse und Anweisungen eines erfahrenen Beraters oder Kunden in eine Präsentation umwandeln. Hierbei geht es primär darum, bestehende Inhalte einfach und überzeugend darzustellen. Bereits heute sind erste KI-Funktionen in diesem Bereich verfügbar, welche bereits in Beratungsmandaten zum Einsatz kommen. Allerdings kann bei dem heutigen Stand von KI noch nicht von einem vollständigen Übernahmepotenzial gesprochen werden, da die Ausführung noch nicht das gleiche Qualitätsniveau erreicht hat, wie wenn ein geübter Unternehmensberater diese Aufgabe durchführt. Dennoch prognostizieren wir relevante Weiterentwicklungen in diesem Bereich, sodass eine vollständige Übernahme in diesem Bereich in Zukunft möglich sein wird. Eine weitere Tätigkeit, die besonders bei der Erstellung von Präsentationen relevant ist, ist die Identifizierung oder Erstellung passender Bilder. Auch in diesem Tätigkeitsbereich zeigt sich ein hohes Potenzial für den heutigen und zukünftigen Einsatz von KI. Anwendungen wie Dall:E ermöglichen die Erstellung von individualisierten Bildern, die optimal zu

den darzustellenden Inhalten passen. In Zukunft wird in diesem Bereich ein hoher Qualitätszuwachs erwartet, sodass Bilder realistischer werden und noch besser dem gegebenen Input entsprechen.

Transkriptionen

Ein weiterer Aufgabenbereich, in dem ein hohes Übernahmepotenzial identifiziert wurde, ist die Erstellung von Transkriptionen. Der Berufsalltag eines Unternehmensberaters ist davon gekennzeichnet, dass er an vielen internen und externen Meetings teilnimmt. Häufig besteht die Anforderung, dass diese Meetings protokolliert und die wesentlichen Erkenntnisse zusammengefasst werden. Auch in diesem Bereich bietet KI die Chance, dass diese Tätigkeiten heute und in Zukunft übernommen werden können. KI-Anwendungen haben die Fähigkeit, gesprochene Sprache zu erkennen und in Text umzuwandeln. Im Anschluss werden die Kerninhalte identifiziert und zusammengefasst. Da es sich bei diesem Tätigkeitsbereich allerdings um eine Art Assistenztätigkeit handelt, kann die Übernahme durch eine KI eher als Chance bewertet werden.

Generell zeigt unsere Betrachtung, dass viele Tätigkeiten, die bereits heute durch eine KI übernommen werden können, im Bereich der zuarbeitenden Tätigkeiten liegen, sodass der Arbeitsalltag des Beraters hierdurch erleichtert werden kann.

Insgesamt wird deutlich, dass KI heute und in Zukunft relevante Aufgabenbereiche des Beraterberufes übernehmen und hierdurch zu einer Beschleunigung der Ausführung und zu einer Reduktion des Aufwandes führen kann. Ob diese Tätigkeiten allerdings weiterhin durch den Berater auszuführen sind oder direkt vom Kundenunternehmen eigenständig realisiert werden, ist zum derzeitigen Zeitpunkt noch nicht vollständig ersichtlich und stark von der jeweiligen Aufgabe abhängig. Dennoch zeigt sich, dass viele Aufgaben, bei denen ein hohes Übernahmepotenzial erkennbar ist, eher im sekundären, d. h. zuarbeitenden Aufgabenspektrum liegen und nicht im Kern der Wertschöpfung des Unternehmensberaters.

4.1.2 Tätigkeiten mit gleichbleibender Relevanz

KI-Anwendungen haben das Potenzial, viele Aufgaben im Bereich der Unternehmensberatung teilweise oder vollständig zu übernehmen. Dennoch gibt es weiterhin zahlreiche Tätigkeiten und Aufgaben, die heute und in Zukunft nicht oder nur teilweise durch Anwendungen auf Basis von KI übernommen werden können. Im Folgenden geben wir Ihnen einen Überblick über diesen Bereich.

Tätigkeiten, die Soft Skills erfordern

Tätigkeitsbereiche, welche auch in Zukunft wichtig sind, sind diejenigen, die Soft Skills erfordern. Hierbei handelt es sich beispielsweise um die Lösung von Konflikten, die interne und externe Kommunikation oder den Aufbau und die Pflege von Kundenbeziehungen. Auch wenn KI-Anwendungen in der Lage sind, menschliche Kommunikation zu verstehen, und sich diese Fähigkeit in Zukunft weiterentwickeln wird, sind besonders zwischenmenschliche Kommunikationsformen ein Bereich, in dem KI-Anwendungen relevante Nachteile haben und haben werden. Hierbei handelt es sich zum einen um die Fähigkeit, nonverbale Kommunikation oder Schattenkommunikation[1] zu verarbeiten und richtig zu interpretieren. Zum anderen handelt es sich um die Fähigkeit, geeignete Maßnahmen – z. B. Interventionen bei persönlichen Problemen von Projektteilnehmern – zu entwickeln und durchzuführen. Zudem wurde festgestellt, dass Menschen nach wie vor lieber mit Menschen interagieren und dies auch in Zukunft der Fall sein wird. Dieser Faktor ist besonders für die Tätigkeit der Projektleitung relevant. Neben Aufgabenbereichen wie der Projektplanung, die heute und in Zukunft durch eine KI durchgeführt werden können, spielen die Kommunikation und Intervention eine große Rolle in diesem Aufgabenbereich, weshalb auch hier kein großes Potenzial für einen KI-Projektleiter gesehen wird.

Kreative Arbeiten

Ein weiterer Bereich, bei dem der Unternehmensberater heute und in Zukunft Vorteile gegenüber einer KI haben wird, sind kreative Arbeiten. KI-Anwendungen nutzen und kombinieren bestehende Daten zur Erstellung von Texten, zur Ausführung von Tätigkeiten oder zur Analyse. Somit werden immer wieder die gleichen Inputs kombiniert, um Outputs zu realisieren. Bei der Ausführung kreativer Arbeiten geht es allerdings darum, neue Outputs zu generieren, die zwar teilweise auf bestehenden Inputs basieren, allerdings auch neue Ideen und Einflüsse nutzen, um vollständig neue Outputs zu erzeugen. Zudem wird bei der Durchführung kreativer Arbeiten häufig gegenläufig zu aktuellen Standards oder Präferenzen gearbeitet, da Kreativität auch immer etwas mit dem Aufbrechen des Status quo zu tun hat. Besonders in diesem Bereich zeigt KI heute und in absehbarer Zukunft Schwächen, sodass in diesem Tätigkeitsfeld kein hohes Potenzial für eine vollständige Aufgabenübernahme besteht.

---

[1] Bei Schattenkommunikation handelt es sich um das versteckte Kommunizieren von Inhalten und Meinungen innerhalb von Aussagen, welche auf den ersten Blick eine andere Sichtweise suggerieren.

Bearbeitung ganzer Fragestellungen

Ein weiterer Aufgabenbereich, bei dem KI-Anwendungen Schwächen zeigen, ist die eigenständige Bearbeitung ganzer Fragestellungen. Ein Beispiel hierfür ist die eigenständige Entwicklung einer neuen Unternehmensstrategie für einen Auftraggeber. Besonders in Bereichen, die erstmalig bearbeitet werden und in denen KI-Anwendungen nicht auf bestehende Lösungsmuster zurückgreifen können, sinken die Fähigkeiten einer KI und die Qualität der erarbeiteten Lösungen. Zudem ist der Kontext, der die Basis für die vollständige Bearbeitung einer Aufgabe durch KI ist, heute und in Zukunft meist begrenzt,[2] sodass Zielsetzungen und Inhalte nicht vollständig verarbeitet werden können. Allerdings werden in diesem Bereich Weiterentwicklungen erwartet, die diese Argumentation abmildern werden. Dennoch möchten wir unterstreichen, dass KI-Anwendungen besonders für die Ausführung bestimmter Teilaufgaben geeignet sind, welche durch den Berater kombiniert werden müssen, damit in Summe ein ganzer Auftrag umgesetzt werden kann. Es ist unwahrscheinlich, dass eine KI in naher Zukunft ein vollständiges Mandat von A bis Z eigenständig bearbeiten können wird.

Insgesamt gibt es viele Tätigkeiten in der Unternehmensberatung, die nicht oder nicht vollständig durch eine KI übernommen werden können. Besonders hervorzugeben ist, dass es einer Endkontrolle durch einen erfahrenen Berater bedarf, wenn eine KI Aufgaben bearbeitet, bevor diese dem Kunden präsentiert werden können. Somit ist auch die Tätigkeit der Qualitätssicherung nach wie vor und in Zukunft relevant. Wie sich die Fähigkeiten von KI in Bezug auf die Übernahme von Tätigkeiten in mittlerer bis weiter Zukunft weiterentwickeln werden, ist allerdings offen, sodass heutige Erkenntnisse in Zukunft immer wieder hinterfragt werden müssen.

---

[2] KI-Anwendungen verfügen aktuell meist noch über einen begrenzten Kontext. Dies bedeutet, dass nur eine begrenzte Datenmenge als Input für die Erstellung eines Ergebnisses bzw. für die Bearbeitung einer Aufgabe verwendet werden kann. Wird z. B. ein Lexikon mit den Wörtern von A bis Z als Input gegeben, kann die KI dennoch nur Fragen zu den Wörtern A bis T beantworten, weil der Input-Kontext den verarbeitbaren Kontext der KI-Anwendung übersteigt. Technische Fortschritte werden allerdings zukünftig zu eine Kontexterweiterung führen, sodass immer größere Datenmengen verarbeitet werden können.

4.1.3 Neue Tätigkeiten

Technologien der KI haben nicht nur das Potenzial, bestehende Tätigkeiten zu übernehmen, sondern schaffen zudem neue Tätigkeitsbereiche, die für Unternehmensberater relevant sind und in Zukunft an Bedeutung gewinnen werden. Im Folgenden gehen wir auf zwei Tätigkeitsbereiche ein.

Identifikation von KI-Use-Cases
Zum einen handelt es sich um die Identifikation von KI-Use-Cases im Kundenauftrag. Da es sich bei KI um eine Technologie handelt, die bisher wenig bzw. keinen flächendeckenden Einzug in Unternehmen erhalten hat, besteht das Potenzial, dass Berater Unternehmen bei der Identifikation und Umsetzung von Anwendungsfällen auf Basis von KI unterstützen. Dies ist besonders relevant, da der Erfolg oder Misserfolg der Technologie in Unternehmen davon abhängig ist, welcher Mehrwert durch den Einsatz von KI geschaffen werden kann. Die reine Verwendung von Technologien in diesem Bereich, ohne entsprechende Mehrwerte, ist langfristig nicht ausreichend, um ihren Einsatz zu legitimieren. Somit stehen Unternehmen vor der Frage, welche KI-Methoden in welchen Unternehmensbereichen für welche Aufgaben relevant sein können, um bestehende und zukünftige Herausforderungen zu adressieren. Die Beratung von Unternehmen in diesem Bereich wird eine relevante Tätigkeit werden. Hierbei handelt es sich nicht um einen einmaligen Prozess, da die Technologie der KI einem dauerhaften und schnellen Wandel unterliegt, sodass bestehende Einsatzszenarien dauerhaft hinterfragt, ausgetauscht oder optimiert werden können und müssen.

Prompt Engineering
Neben der strategischen Beratung von Kunden in Bezug auf den Einsatz der Technologie der KI gibt es einen weiteren für den Alltag des Beraters relevanten Tätigkeitsbereich, der durch den Einfluss von KI entstanden ist und weiterhin bestehen wird. Beim Prompt Engineering handelt es sich um eine Tätigkeit, die das Ziel verfolgt, möglichst gute Ergebnisse durch Anwendungen der KI zu erzielen und Anweisungen so zu formulieren, dass möglichst wenig Korrekturen notwendig sind. Manche Unternehmen, besonders im US-amerikanischen Raum, stellen für diese Tätigkeit aktuell dedizierte Mitarbeiter ein, die über eine Spezialisierung in diesem Bereich verfügen. Somit kann festgehalten werden, dass es sich bei der Tätigkeit des Prompt Engineerings um eine Tätigkeit handelt, die aktuell auch im Bereich der Unternehmensberatung eingeführt wird und in Zukunft weiter relevant sein wird.

4.2 Wie KI die Anforderungen in der Unternehmensberatung verändert

Im zweiten Teil dieses Kapitels beschäftigen wir uns mit den Anforderungen an Unternehmensberater, die sich durch KI verändern.

4.2.1 Anforderungen mit sinkender Relevanz

Der heutige und zukünftige Einfluss von KI verändert die Tätigkeiten eines Unternehmensberaters. Viele Tätigkeiten können ganz oder teilweise heute oder in Zukunft durch KI-Anwendungen übernommen oder ergänzt werden. Diese Veränderungen führen dazu, dass Anforderungen, die bisher relevant für die Ausübung des Unternehmensberaterberufes waren, heute und in Zukunft an Relevanz verlieren und teilweise oder vollständig wegfallen. In diesem Abschnitt wird eine Prognose erstellt, welche Anforderungen von diesem Wandel besonders betroffen sind bzw. sein werden.

Erstellen von Präsentationen
Bei der Erstellung von Präsentationen verfügen KI-Anwendungen bereits heute über nennenswerte Fähigkeit. Fähigkeiten in diesem Bereich werden also – wie bereits in Abschn. 4.1.1 erläutert – in Zukunft eher weniger gefragt sein.

Excel
Eine weitere Kompetenz, die in Zukunft weniger relevant sein wird, ist die Bearbeitung von Daten in der Softwareanwendung Excel des Unternehmens Microsoft. Auch in diesem Bereich verfügen KI-Anwendungen heute bereits über nennenswerte Fähigkeiten, die in Zukunft weiter wachsen werden. Somit besteht für Unternehmensberater kein Druck, besonders tiefgreifende Fähigkeiten z. B. im Bereich der Formelerstellung oder VBA-Programmierung aufzubauen. Zukünftig wird es ausreichend sein, den entsprechenden Bearbeitungsauftrag zielgenau zu formulieren, sodass eine KI die notwendigen Tätigkeiten ausführen kann.

Datenanalyse und Texterstellung
Auch im Bereich der Datenanalyse prognostizieren wir große Fähigkeitszuwächse im Bereich der KI. Gleiches gilt für die Fähigkeit, Texte zu erstellen und korrekt zu formulieren (s. auch Abschn. 4.1.1).

Informationssammlung
Zudem zeigt sich, dass in Zukunft die Fähigkeit der Informationssammlung an Bedeutung verlieren wird. Benötigte bisher ein Berater die Fähigkeit, Informationen zu einem bestimmten Thema zu identifizieren, zu bewerten und zusammenzustellen, so kann diese Tätigkeit bereits heute durch eine KI realisiert werden. Somit sinkt auch in diesem Anforderungsbereich die Bedeutung.

Weitere Fähigkeiten
Weitere Fähigkeiten, für die eine sinkende Relevanz erkennbar ist, betreffen das Project-Management-Office, die Übersetzung von Sprachen, die eigenständige thematische Einarbeitung in neue Themenfelder und grafisches Design.

4.2.2 Anforderungen mit gleichbleibender Relevanz

Auch wenn die Entwicklungen im Bereich der KI die Relevanz einiger Anforderungen und Fähigkeit senken, gibt es viele Anforderungen an den Beruf des Unternehmensberaters, die auch in Zukunft relevant sein werden. Im Folgenden wird eine Prognose in Bezug auf nennenswerte Anforderungen dargestellt.

Fachkompetenzen und Erfahrungen
Als auch in Zukunft besonders relevante Fähigkeiten können Fachkompetenzen und Erfahrungen bewertet werden. Diese Fähigkeiten sind vor allem für den jeweiligen Mehrwert entscheidend, den der Berater einem Kunden bieten kann. Es sind solche Erfahrungen und Kenntnisse zu nennen, die sich auf die Ausführung individueller Tätigkeiten und auf branchenspezifische Problemstellungen beziehen. Ein Beispiel hierfür wäre die Erstellung einer Lösungs-Roadmap für ein bankspezifisches Softwareprodukt. Für die Ausführung einer solchen Tätigkeit ist nicht zur Kreativität erforderlich, sondern zudem Fachkenntnisse im Bereich der Softwareentwicklung, Branchen- und Marktkenntnisse sowie Kreativität.

Persönliche Fähigkeiten
Ein weiterer Bereich, der als relevant eingestuft wird, sind die persönlichen Fähigkeiten eines Beraters, die oft als Soft Skills bezeichnet und zusammengefasst werden. Wie in Abschn. 4.1.2 bereits erläutert, hat ein Unternehmensberater in Tätigkeitsbereichen, die diese Fähigkeiten erfordern, einen nennenswerten Vorteil gegenüber einer KI. Somit bedarf es auch in Zukunft Fähigkeiten im Bereich der Soft Skills. Hierzu zählen unter anderem Kommunikationsfähigkeiten, Storytelling, Empathie und Resilienz. Ein Beispiel hierfür ist die Moderation eines Workshops.

Die Interaktion mit Menschen erfordert die Fähigkeit, den Ausdruck von Gefühlen und Sichtweisen auch innerhalb non-verbaler Kommunikation wahrzunehmen. Eine KI stößt hierbei heute noch an ihre Grenzen.

Methodische Kenntnisse zur Problemanalyse und -lösung und zur Konzepterstellung

Weitere Fähigkeiten, die auch in Zeiten von KI eine hohe Bedeutung haben, sind methodische Kenntnisse zur Problemanalyse und -lösung. Selbst wenn es z. B. im Bereich der Datenanalyse, die eine notwendige Tätigkeit im Bereich der Problemanalyse ist, KI-Anwendungen gibt, bedarf es dennoch der Fähigkeit, die richtigen Fragen zu stellen und die entsprechenden Anwendungen zu instruieren und zu orchestrieren. Gleiches gilt für den Bereich der Konzepterstellung. Auch in diesem Bereich benötigt der Berater weiterhin Fähigkeiten, um die Auftragsbearbeitung vollständig durchzuführen. Vergleichbar ist die geschilderte Situation mit Musikern in einem Orchester. Auch wenn jeder Musiker sein Instrument perfekt beherrscht, so bedarf es dennoch eines Dirigenten, welcher die zu spielenden Stücke definiert und darauf achtet, dass alle Musiker gemeinsam agieren. Gleiches gilt für den Einsatz von KI im Beratungsprozess. Der Berater muss in der Lage sein, Probleme korrekt zu identifizieren und passende Lösungswege auszustoßen.

IT

Fähigkeiten, die bereits durch andere technologische Errungenschaften relevant geworden sind, betreffen die IT. Hierzu zählen beispielsweise ein grundlegendes Verständnis von Software und Hardware sowie die Fähigkeit, betriebswirtschaftliche Fragestellungen im technischen Kontext zu diskutieren. Auch diese Fähigkeiten werden weiterhin wichtig bleiben und sogar an Relevanz gewinnen.

4.2.3 Neue Anforderungen

Auch im Bereich der Anforderungen und Fähigkeiten gibt es neue Aspekte, die durch den Einfluss von KI in Zukunft entstehen werden. Wir konnten insgesamt fünf neue zukünftig relevante Fähigkeiten und Anforderungen identifizieren, die nachfolgend als Zukunftsprognose dargestellt werden.

Theoretische und praktische Kenntnisse im Bereich der KI

Bei dem relevantesten Fähigkeitsbereich handelt es sich um theoretische und praktische Kenntnisse im Bereich der KI. Wir prognostizieren, dass Berater in Zukunft bei der Ausübung ihrer Beratungstätigkeit über Kenntnisse und Fähigkeiten im Bereich der KI verfügen müssen. Dies umfasst sowohl das Wissen über die theoretische Funktionsweise von Technologien im Spektrum der KI als auch praktische Kenntnisse in Bezug auf die Anwendung von Lösungen, die auf KI basieren. So sollte ein Berater zukünftig in der Lage sein, die Funktionsweise einer KI-Anwendung fachlich zu verstehen und zu entscheiden, welche KI-Modelle für welchen Einsatzzweck geeignet sind. Gleiches gilt für einen fachlichen Austausch mit Kunden und Mitarbeitern zum Thema KI.

Prompt Engineering

Eine Fähigkeit, die in diesem Kontext besonders häufig genannt wird, ist diejenige, eine KI zielführend und korrekt zu instruieren. Hierbei handelt es sich um Kenntnisse im Bereich des Prompt Engineerings (s. auch Abschn. 4.1.3).

Wissensaufbau

Weiterhin wurde identifiziert, dass es zukünftig für Unternehmensberater relevant ist, Wissen im Bereich des KI-Einsatzes in Unternehmen aufzubauen. Die zugrunde liegende Fragestellung hierbei ist, welche Mehrwerte durch den Einsatz von KI erzielt werden können und welche Hürden es in diesem Tätigkeitsbereich zu meistern gibt.

Umgang mit Daten

Ein weiterer Aspekt, der in diesem Kontext Erwähnung finden soll, ist der Umgang mit Daten. Auch wenn bereits heute besonders im Bereich des IT-Consultings diese Fähigkeit als Voraussetzung gilt, steigt zukünftig auch für die anderen Beratungsbereiche die Relevanz dieses Aspekts. Somit kann die Prognose erstellt werden, dass der Umgang mit Daten eine Fähigkeit wird, die für alle Beratungsbereiche relevant ist und die in die Ausbildung neuer Berater integriert werden sollte.

Eine Fähigkeit, die als zukünftig potenziell relevant eingestuft werden kann, ist die Fähigkeit zum Lesen von Softwarecode. Hierbei geht es nicht darum, dass alle Unternehmensberater zukünftig programmieren können sollen. Vielmehr geht es um die Fähigkeit, technische Lösungen auf Basis von KI anhand von Softwarecode zu verstehen und zu diskutieren.

Zehn KI-Handlungsempfehlungen für Ihren Beratungsalltag

5

Im Rahmen dieses Buches wurden verschiedene theoretische und praktische Erkenntnisse dargestellt und diskutiert. In diesem Kapitel wollen wir diese nutzen, um Ihnen Handlungsempfehlungen zu präsentieren (siehe auch Abb. 5.1).

5.1 Verstehen Sie KI als Chance und relevantes Wissensgebiet

Unsere erste Empfehlung betrifft die generelle Einstellung von Unternehmensberatern zum Thema der KI. Wir empfehlen Ihnen, sich offen und positiv hinsichtlich der Technologie der KI zu positionieren. Es ist bereits heute absehbar, dass KI auch in den nächsten Jahren und Jahrzehnten ein relevantes Thema sein wird, das viele Herausforderungen unserer Zeit, so z. B. den Fachkräftemangel, verbessern oder vollständig lösen kann. Somit wird auch der Beruf des Unternehmensberaters weiterhin und in Zukunft sogar verstärkt mit den Einflüssen der KI konfrontiert. Somit ist es ratsam, keine ablehnende Haltung gegenüber der Technologie einzunehmen, sondern sich aktiv mit den verschiedenen Aspekten des Themenbereiches zu beschäftigen. Hierzu zählt zunächst der Aufbau eines grundlegenden Verständnisses zum Thema KI. Es geht nicht darum, dass jeder Unternehmensberater in Zukunft ein KI-Experte sein muss, sondern vielmehr darum, dass ein ausreichendes Verständnis für den Beratungsalltag vorhanden ist.

Weiterhin beinhaltet unsere Empfehlung, dass Unternehmensberater sich der Mehrwerte und Risiken von KI bewusst sein sollten, sodass in internen und externen Projekten auf Basis dieses Wissens der Einsatz von KI professionell

M. H. Dahm und B. Schulz, *Künstliche Intelligenz im Consulting*, essentials, https://doi.org/10.1007/978-3-658-45060-1_5

1	KI als Chance und Wissensgebiet verstehen
2	Fach- und Branchenwissen aufbauen
3	KI als neues Beratungsfeld verstehen
4	In Softskills investieren
5	KI in den Beratungsprozess integrieren
6	Kein blindes Vertrauen in KI-Ergebnisse
7	Risiken erkennen und vorbeugen
8	Den Markt im Blick behalten
9	KI-Anwendungen personalisieren
10	Kosten und Mehrwerte vergleichen

Abb. 5.1 KI-Handlungsempfehlungen

bewertet werden kann. Künstliche Intelligenz bietet das Potenzial, in vielen Arbeitsbereichen der Unternehmensberatung zu unterstützen oder diese zu übernehmen. Berater, die das gesamte Themenfeld ablehnen oder ignorieren, verlieren hierdurch nicht nur ein relevantes Fachgebiet, sondern laufen auch Gefahr, Tätigkeitsschwerpunkte und Entwicklungen falsch auszurichten und hierdurch in letzter Konsequenz ersetzt zu werden. Genauso wie das Internet oder das generelle Thema der Digitalisierung wird die KI nicht mehr verschwinden. Somit ist es für Unternehmensberater erforderlich, die Neuerungen durch KI zu identifizieren, zu bewerten und bei Bedarf anzunehmen.

5.2   Bauen Sie Fach- und Branchenwissen auf

Die zweite Handlungsempfehlung fokussiert den thematischen Bereich des Fach- und Branchenwissens. Wir empfehlen Ihnen, einen Fokus auf den Aufbau und die Weiterentwicklung von branchen- und fachspezifischem Wissen zu legen, um einerseits Kunden professionell und zielführend beraten zu können und andererseits einen Vorteil gegenüber Anwendungen der KI zu haben. Diese Empfehlung hat Einfluss auf den Karriereweg bzw. den Berufseinstieg eines Unternehmensberaters. Es gibt zwei Optionen für Personen, die den Beruf des Unternehmensberaters ausführen möchten. Die erste Möglichkeit besteht darin, direkt nach dem Studium und einigen Praktika als Junior-Berater in einer Unternehmensberatung anzufangen. Hierbei verfügen die Mitarbeiter zunächst ausschließlich über theoretisches Wissen aus dem Studium oder der Ausbildung und müssen Fach- und Branchenwissen nach und nach innerhalb von Projekten und durch den Austausch mit erfahrenen Kollegen aufbauen.

Die zweite Option ist, zu einem späteren Zeitpunkt in die Beratungsbranche zu wechseln und zunächst Fach- und Branchenerfahrungen durch die Ausübung anderer Tätigkeiten aufzubauen. So kann beispielsweise zunächst einer Tätigkeit innerhalb einer Bank nachgegangen werden, bevor ein Wechsel in eine Unternehmensberatung vollzogen wird. Der Vorteil ist, dass der jeweilige Mitarbeiter bereits vor dem Wechsel Fach- und Branchenwissen innerhalb seiner Branche gesammelt hat und hierdurch bereits Kunden innerhalb seiner Stammbranche fachlich und auf Basis von Branchenwissen beraten kann.

Auch wenn beide Einstiegsmöglichkeiten in Zukunft noch bestehen werden, wird empfohlen, den zweiten Weg zu wählen und zunächst Fach- und Branchenkenntnisse aufzubauen, bevor eine Person als Unternehmensberater aktiv wird. Begründet wird diese Empfehlung dadurch, dass KI-Anwendungen besonders leistungsstark im Bereich der zuarbeitenden Tätigkeiten sind, die heute oft durch Junior-Berater ausgeführt werden. Somit besteht die Gefahr, dass diese Rollen zukünftig weniger oder gar nicht mehr gebraucht werden. Tätigkeiten, die spezifisches Fach- oder Branchenwissen erfordern, sind dagegen weniger davon bedroht, von einer KI vollständig ersetzt zu werden. Somit steigen der Mehrwert dieser Beratungspersonen und die Zukunftssicherheit der jeweiligen Tätigkeit. Zusammengefasst steigt der Mehrwert eines Beraters durch die Existenz von Fach- und Branchenwissen gegenüber den Funktionen einer KI und das Risiko für eine teilweise oder vollständige Tätigkeitsübernahme durch KI sinkt.

5.3 Verstehen Sie KI als neues Beratungsfeld

Die dritte Empfehlung lautet, den Bereich der KI als neues Beratungsfeld zu verstehen. Dieser Aspekt wird besonders deutlich, wenn nicht nur die Veränderungen der Anforderungen und Tätigkeiten in der Beratung betrachtet werden, sondern zusätzlich beachtet wird, dass Unternehmen anderer Branchen ebenfalls durch die Veränderungen und Potenziale von KI beeinflusst werden. Hierbei steht besonders die Fragestellung im Raum, welche Mehrwerte durch den Einsatz von KI innerhalb der Unternehmen realisiert werden könnten. Da es sich bei KI um ein Thema handelt, welches einerseits für viele Unternehmen neu ist und andererseits vielfältige Kenntnisse und Erfahrungen technischer Natur erfordert, besteht ein großer Bedarf an externer Unterstützung, der durch jene Beratungsunternehmen gewinnbringend befriedigt werden kann, die ein entsprechendes Angebot im Bereich des KI-Consultings formuliert haben und über Mitarbeiter mit den notwendigen Kompetenzen verfügen.

Wir empfehlen Ihnen daher, zu analysieren, ob es sich bei dem KI-Consulting um einen Beratungsbereich handelt, welcher auch für Sie im Sinne einer Spezialisierung interessant sein könnte. Für eine Spezialisierung ist es erforderlich, zusätzliches Wissen und praktische Fähigkeiten aufzubauen, die über ein grundlegendes Wissen hinausgehen, beispielsweise Wissen in Bezug auf die genaue Funktionsweise verschiedener KI-Arten, die Fähigkeit, eigene KI-Modelle zu erstellen oder bestehende Modelle weiterzuentwickeln. Weiterhin ist es relevant, dass die jeweiligen Berater in der Lage sind, die Vorteile von KI für Unternehmen branchenspezifisch zu benennen und zu identifizieren, um KI-Projekte für externe Auftraggeber durchzuführen und entsprechende Mehrwerte zu schaffen.

Insgesamt handelt es sich beim KI-Consulting um ein Beratungsfeld, das in Zukunft an Relevanz gewinnen wird, sodass eine Auseinandersetzung mit diesem Thema heutigen und zukünftigen Beratern empfohlen wird.

5.4   Investieren Sie in Ihre Softskills

Im Rahmen dieser Handlungsempfehlung empfehlen wir Ihnen, nicht ausschließlich in Fähigkeiten zu investieren, die dem Bereich der Hard Skills zugeordnet werden. Auch wenn diese Fähigkeiten für die Ausübung der Beratungstätigkeit entscheidend sind, so steigt die Relevanz von persönlichen Fähigkeiten durch die Entwicklungen im Bereich der KI.

KI-Anwendungen können bereits Tätigkeiten im Bereich der Hard Skills teilweise oder vollständig übernehmen. Auch die Prognose zukünftiger Entwicklungen zeigt, dass Hard Skills besonders stark von Verdrängungen durch KI-Anwendungen betroffen sein werden. Im Kontrast hierzu steht, dass Tätigkeiten und Fähigkeiten im Bereich der Soft Skills deutlich schwieriger durch eine KI übernommen werden können.

Wir empfehlen Ihnen daher, persönliche Fähigkeiten als festen Bestandteil Ihrer persönlichen Entwicklung bzw. Weiterentwicklung einzustufen und gezielt in diesen Bereich zu investieren. Das betrifft besonders Fähigkeiten in den Bereichen Kommunikation, Präsentation oder Mediation.

Die Branche der Unternehmensberatung wird häufig als „People-Business" bezeichnet. Hierdurch wird nochmals unterstrichen, dass die Fähigkeiten im Bereich der Soft Skills ein Erfolgskriterium in der Beratung von Unternehmen sind. Egal ob Verkaufsprozesse, Projektsitzungen oder Feedbackgespräche – in allen Bereichen profitieren Sie von kommunikativen und sozialen Fähigkeiten. Dies gilt besonders in Zeiten von KI, da sich Soft Skills hierdurch zu einem Alleinstellungsmerkmal eines Beraters innerhalb und außerhalb der Unternehmensberatung entwickeln.

5.5 Integrieren Sie KI in den Beratungsprozess

Ebenso wie Kundenunternehmen können Unternehmensberatungen und ihre Mitarbeiter die Vorteile von KI für die eigenen Tätigkeiten und Prozesse nutzen. Es wird daher empfohlen, die Potenziale von KI innerhalb der Unternehmensberatung und der hier ausgeführten Beratungsprozesse zu identifizieren und standardisiert in den Arbeitsalltag zu integrieren.

Viele Unternehmensberater nutzen bereits heute KI-Anwendungen in ihrer alltäglichen Arbeit. Der Nutzungsumfang sowie die Auswahl der passenden Tools und Use-Cases sind allerdings hochgradig individuell. So gibt es Berater, die bereits heute eine Vielzahl verschiedener KI-Anwendungen nutzen und Best Practices für ihren Beratungsalltag entwickelt haben. Andere Berater hingegen stehen dem Thema der KI noch zurückhaltend oder sogar kritisch gegenüber und verwenden wenig oder gar keine KI-Anwendungen im Rahmen ihrer Beratungsarbeit.

Durch die Nichtnutzung von KI-Anwendungen verzichten Berater und Beratungsunternehmen auf vielfältige Vorteile in den Bereichen Effizienz, Wissensgewinn und Qualität. Aus diesem Grund wird zunächst empfohlen, das Thema KI in den Beratungsunternehmen aktiv durch spezialisierte Personen zu besetzen und durch Multiplikatoren in den Unternehmen zu verteilen. Zusätzlich und als primäre Aussage dieser Handlungsempfehlung wird empfohlen, feste Prozesse und Vorgehensweisen für den flächendeckenden Einsatz von KI im Beratungsalltag zu entwickeln, sodass alle Unternehmensberater die Vorteile von KI für ihre Arbeit nutzen können.

Sollte eine übergreifende Standardisierung innerhalb Ihres Beratungsunternehmen nicht gewünscht sein oder wenn Sie selbstständig arbeiten, empfehlen wir Ihnen, eigenständig KI-Anwendungen für relevante Use-Cases zu identifizieren und zu analysieren, welche Vorteile diese für Ihren persönlichen Beratungsalltag bieten können. Hierdurch besteht nicht nur die Möglichkeit, schneller, standardisierter und besser zu arbeiten, sondern zusätzlich unliebsame Tätigkeiten wie das Erstellen von Meeting-Protokollen an eine KI auszulagern.

Im Folgenden werden auf Basis des Beratungsprozesses und der darin enthaltenen Tätigkeiten je zwei mögliche Einsatzpunkte pro Prozessschritt des Beratungsprozesses für KI-Anwendungen dargestellt und in Abb. 5.2 veranschaulicht, die zu einer Optimierung des Beratungsalltages durch KI führen können. Hierbei handelt es sich um einen Auszug möglicher Einsatzszenarien ohne Anspruch auf Vollständigkeit, da jeder Berater und jede Beratung individuell überprüfen sollte, welche Einsatzgebiete sinnvoll und möglich sind.

Im Rahmen des Kontakts und der Informationsbeschaffung soll die Erstellung von E-Mails als Beispiel dienen. Besonders viel Potenzial kann im Bereich der Texterstellung und -modifikation durch den Einsatz von KI-Anwendungen wie ChatGPT erschlossen werden. Daher wird empfohlen, direkt zu Beginn des Beratungsprozesses für das Verfassen von Texten wie E-Mails die Vorteile generativer KI-Anwendungen zu nutzen. Zudem wird geraten, KI-Anwendungen für die Informationsbeschaffung im Vertriebsprozess zu nutzen. So können z. B. KI-Lösungen dafür eingesetzt werden, potenzielle Kunden auf Basis vorab definierter Suchkriterien zu identifizieren. Im Rahmen der Angebotserstellung und Vertragsgestaltung könnten Berater KI-Anwendungen einsetzen, um die Erstellung von Angebotspräsentationen zu beschleunigen, indem zunächst eine Datenbasis geschaffen wird und der exekutive Prozess der anschließenden grafischen Aufbereitung an eine KI-Anwendung delegiert wird. Gleiches gilt für die Prüfung von Vertragsdokumenten. Bereits heute sind Experten-KIs verfügbar, die auf ein bestimmtes Themengebiet oder eine bestimmte Aufgabenstellung spezialisiert sind. Berater könnten KI-Anwendungen nutzen, die auf Fragen des Vertragsrechts spezialisiert sind, um Lücken und Herausforderungen innerhalb von Verträgen zu identifizieren.

Weitere mögliche Einsatzgebiete sind innerhalb der Analysephase zu finden. KI-Anwendungen könnten hier genutzt werden, um Daten eines Unternehmens in Bezug auf konkrete Fragestellungen zu analysieren sowie um Unregelmäßigkeiten oder Muster zu identifizieren. Zusätzlich können KI-Anwendungen auf Basis von NLP dafür eingesetzt werden, Mitarbeiterinterviews direkt bei der Durchführung aufzunehmen, zu transkribieren und die Kerninhalte zusammenzufassen. Weitere Einsatzmöglichkeiten sind im Bereich der Zielformulierung zu finden. KI-Anwendungen können so Berater unterstützen, Zielsetzungen zu definieren und Prognosen zu erstellen.

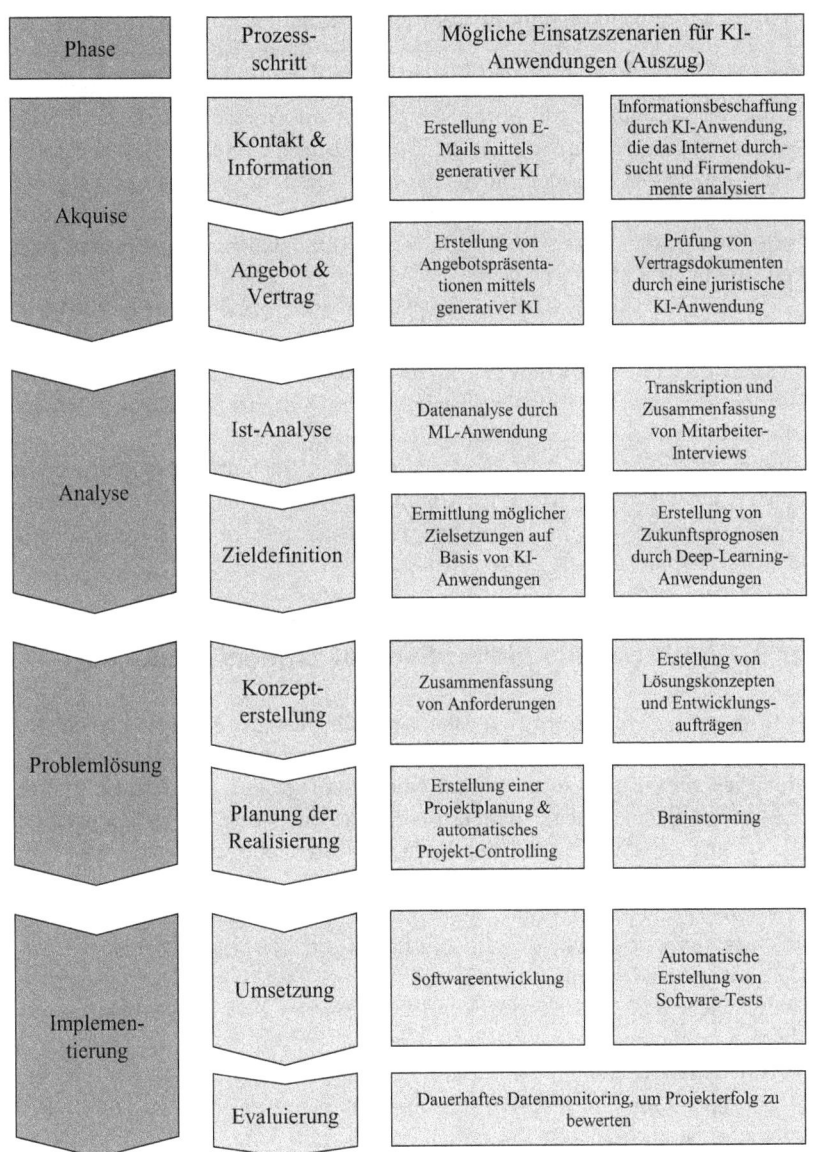

Abb. 5.2 KI-Einsatzmöglichkeiten im Beratungsprozess

Auch die Problemlösungsphase lässt bereits heute Potenziale für den Einsatz von KI-Anwendungen erkennen, um Berater bei ihrer Arbeit zu unterstützen. Hierzu zählen die Zusammenfassung und Bewertung von Projektanforderungen oder die Erstellung von Lösungskonzepten auf Basis eines initialen Inputs durch den Berater. Zusätzlich besteht die Möglichkeit, Projektpläne durch eine KI erstellen zu lassen oder Inputs für neue Ideen durch Brainstorming mit KI-Anwendungen zu erzielen. KI-Anwendungen treten als eine Art digitaler Mitarbeiter auf, sodass Berater stets auf Unterstützung zurückgreifen können, auch wenn sie Mandate allein ausführen.

Abschließend beinhaltet auch die Implementierungsphase bereits heute Potenziale für den Einsatz von KI-Anwendungen. Dies gilt besonders für den Beratungsbereich des IT-Consultings. Durch die automatische Entwicklung von Software oder die KI-gestützte Erstellung von Softwaretests können Berater Aufträge deutlich schneller erfüllen, als dies bisher der Fall war.

Insgesamt wird Beratern und Beratungsunternehmen empfohlen, KI-Technologien als Möglichkeit der Optimierung und Entlastung zu verstehen. Es sollte überprüft werden, in welchen Tätigkeitsbereichen der Einsatz von KI sinnvoll sein kann.

5.6   Vertrauen Sie nicht blind auf Ergebnisse der KI

KI-Anwendungen verbessern sich nahezu täglich. Neue KI-Modelle werden entwickelt und Resultate werden Tag für Tag überzeugender. Fast kann man das Gefühl bekommen, dass man sich auf eine KI-Anwendung wie ChatGPT blind verlassen kann. Zunehmend werden, in einigen Fällen sogar berechtigterweise, KI-Lösungen als digitale Kollegen wahrgenommen und es entsteht eine Art vertraute Zusammenarbeit.

Bei allen technischen Errungenschaften im Kontext von KI im Consulting legen wir Ihnen nahe, sich mit den Ergebnissen von KI-Anwendungen kritisch auseinanderzusetzen. Dabei geht es nicht darum, einer KI grundsätzlich zu misstrauen, sondern vielmehr darum, ein gesundes Maß an Kontrolle in den KI-basierten Beratungsprozess zu integrieren.

KI-Modelle arbeiten auf Basis statistischer Auswertungen und einer limitierten Datenbasis. Somit sind KI-Anwendungen immer einer gewissen statistischen Fehlerquote ausgesetzt. Dies ist besonders der Fall, wenn die Datengrundlage nicht optimal aufgebaut ist.

Aufgrund dieser Fehlerwahrscheinlichkeit raten wir Ihnen dringend, KI-Ergebnisse dauerhaft zu prüfen und Qualitätsmanagement zu betreiben. Besonders zu Beginn der Nutzung sollte hierauf ein starker Fokus gelegt werden, um zusätzlich eine Verbesserung der genutzten KI-Modelle zu erreichen. Dies liegt mitunter daran, dass nicht korrigierte Fehler von KI-Modellen als richtiges Verhalten gelernt werden. Somit steigt die Gefahr, dass falsches Verhalten in Zukunft weiter reproduziert wird. Je früher Fehler in Modellen entdeckt und korrigiert werden, umso geringer ist der Aufwand der Korrektur.

Natürlich ist es verlockend und bequem, sich voll und ganz auf die Ergebnisse einer KI zu verlassen. Dennoch sollte jeder Berater im Hinterkopf haben, dass nicht die KI die Ergebnisse gegenüber internen und externen Stakeholdern vertreten muss, sondern der Berater selbst. Dabei spielt es keine Rolle, ob die Ergebnisse z. B. einer automatischen Erstellung einer Antwort-Mail in neun von zehn Fällen überzeugend waren. Wenn im Rahmen des zehnten Falles ein kritischer Fehler entsteht, besteht das Risiko, dass Projektinhalte oder das Ansehen des Beraters bzw. Beratungsunternehmens leiden. Auch wenn Ergebnisse von einer KI produziert werden, sollten Sie nicht vergessen, dass am Ende Sie mit Ihrem Namen für die Ergebnisse stehen und eventuell auch dafür haftbar gemacht werden können.

5.7 Beachten Sie Risiken und sorgen Sie vor

Diese Handlungsempfehlung fokussiert die Risiken und Hürden, die durch die Technologien der KI bestehen. Neben den vielen Vorteilen und Möglichkeiten, die durch den Einsatz von KI im Beratungsalltag und bei Kundenunternehmen generiert werden können, gibt es einige relevante negative Aspekte, die analysiert und berücksichtigt werden sollten. Es wird daher heutigen und zukünftigen Unternehmensberatern empfohlen, sich strukturiert mit möglichen negativen Aspekten von KI zu beschäftigen, damit KI-Anwendungen nicht zum Risiko für den Berater und seine Kunden werden.

Ein Beispiel hierfür ist die Verzerrung von Entscheidungsprozessen, die auf Basis von Algorithmen durchgeführt werden, die einer gewissen Voreingenommenheit unterliegen. Die bisherigen Erfahrungen mit KI haben gezeigt, dass die KI-Anwendungen, besonders im Bereich der Automatisierung, bei Entscheidungen bestehende Vorurteile der Gesellschaft übernehmen und es hierdurch auch bei dem Einsatz von KI zu verzerrten Entscheidungen kommen kann. Als praktisches Beispiel kann hierbei das Kredit-Rating-System einer großen US-amerikanischen

Bank dienen, welches auf Basis von KI automatisiert werden sollte. Ziel hierbei war es, Kreditanfragen automatisch zu prüfen und zu entscheiden, ob ein Kunde einen Kredit bekommt oder nicht. Die Basis für die Entscheidung des Systems waren einerseits Zahlen, Daten und Fakten, welche durch das jeweilige KI-System ausgewertet wurden. Auf der anderen Seite lernte das System von bereits durch Menschen getroffenen Entscheidungen und analysierte zu diesem Zweck die verfügbaren Bestandsfälle.

Problematisch bei diesem Beispiel war, dass Kreditentscheidungen durch die jeweiligen Sachbearbeitet teilweise bewusst oder unbewusst aufgrund persönlicher Merkmale wie der Herkunft, dem Geschlecht oder der Hautfarbe der Antragssteller getroffen wurden. Somit lernte die KI unbemerkt das falsche menschliche Verhalten und traf Kreditentscheidungen ebenfalls auf Basis der genannten Merkmale. Es kam also zu einer negativen Verzerrung des KI-Modells, da falsches menschliches Verhalten gelernt wurde.

Ein weiteres Problem, welches mit dem zuvor dargestellten Beispiel erklärt werden kann, ist die teilweise mangelnde Transparenz von KI-Anwendungen, besonders für Personen ohne dediziertes KI-Fachwissen. Die zunehmende Komplexität der Anwendungen und die große Menge verwendeter Daten führen dazu, dass Entscheidungen nicht mehr vollständig nachvollzogen werden können und so unter anderem Fehler unbemerkt übernommen werden können. Auch im Beispiel der voreingenommenen KI-Kreditentscheidung spiegelt sich diese Tatsache wider. Ohne eine dedizierte Analyse des Algorithmus und ohne Kenntnisse im Bereich KI ist es nicht möglich oder zu mindestens schwer zu erkennen, wenn falsche Verhaltensweisen übernommen werden. Es fehlt schlichtweg an Transparenz, sodass Entscheidungsprozesse einer KI durch KI-Laien nachvollzogen werden können. Es steigt somit das Risiko, dass eine KI-Verhaltensweise als korrekt akzeptiert wird, auch wenn beispielsweise Verzerrungen bestehen.

Ein weiterer wesentlicher Aspekt ist die Sicherheit von KI-Anwendungen. Wie auch in anderen Bereichen, bei denen interne und externe Systeme vernetzt werden, besteht bei KI-Anwendungen die Möglichkeit, dass Dritte sich Zugang zu den Systemen verschaffen und einen Schaden z. B. durch Datendiebstahl oder die mutwillige Blockierung der Systeme verursachen.

Die aufgeführten Beispiele belegen, dass Berater auch einen Überblick über die Risiken von KI-Anwendungen haben sollten, damit Kunden richtig beraten und KI-Vorhaben risikolos umgesetzt werden können.

Ein zusätzlicher Themenbereich sind gesetzliche Rahmenbedingungen und potenzielle rechtliche Konsequenzen. Nennenswert hierbei sind besonders Fragestellung des Datenschutzes, die bei der Verwendung von Personendaten durch eine KI beachtet werden müssen. Zudem gibt es derzeit viele neue politische Vorgaben für die Regulierung von KI-Anwendungen. Aus diesem Grund sollte ein Unternehmensberater nicht nur die Risiken durch Dritte, sondern auch die KI-Bestimmungen durch den Gesetzgeber kennen und beim Einsatz von KI innerhalb des Beratungsprozesses und bei Kunden berücksichtigen.

5.8   Beobachten Sie den Markt

Der KI-Markt ist von einer beispiellosen Dynamik geprägt. Tag für Tag treten neue Akteure in Erscheinung, während innovative Lösungen die technologische Landschaft kontinuierlich neugestalten. Gleichzeitig müssen wir zur Kenntnis nehmen, dass einige Unternehmen und Produkte ebenso schnell wieder von der Bildfläche verschwinden, wie sie aufgetaucht sind. In diesem hochvolatilen Umfeld ist es eine große Herausforderung, stets einen fundierten und zeitgemäßen Überblick über die Entwicklungen zu bewahren. Dennoch, der Einsatz, sich dieser Aufgabe zu stellen, zahlt sich aus.

Wir unterstreichen daher die Bedeutung, den Wandel in der Welt der KI aktiv und aufmerksam zu verfolgen. Dabei ist es nicht zwingend erforderlich, jede marginale Anpassung oder Neuerung im Detail nachzuverfolgen. Vielmehr geht es darum, ein Gespür für die wesentlichen Veränderungen zu entwickeln, die potenziell Einfluss auf Ihr berufliches Umfeld haben könnten. Dazu kann die Evaluierung einer neuen KI-Technologie gehören, ebenso wie die sorgfältige Prüfung von Anpassungen im regulatorischen Umfeld, die sich direkt oder indirekt auf Ihren Arbeitsbereich auswirken könnten.

Die Tiefe und Intensität, mit der Sie sich mit dem Thema KI auseinandersetzen, sollte dabei in direktem Zusammenhang mit Ihrem beruflichen Bezug zu diesem Technologiefeld stehen. Für KI-Berater beispielsweise ist es unabdingbar, stets auf dem Laufenden zu sein und Entwicklungen nicht nur zu beobachten, sondern auch zu antizipieren und zu analysieren. Ihr Erfolg und ihre Relevanz in ihrem Berufsfeld hängen unmittelbar von ihrem Verständnis und ihrer Kenntnis der neuesten Trends und Technologien ab. Für Berater im Bereich Restrukturierung oder andere Fachleute, deren Haupttätigkeitsfelder nur peripher mit KI in Berührung kommen, mag ein weniger intensives Engagement angemessen sein. Doch selbst für diese Gruppe ist es ratsam, ein offenes Auge für die Auswirkungen zu behalten, die KI auf ihre Arbeitsbereiche haben könnte.

Unabhängig von Ihrem aktuellen Grad der Einbindung in KI-Themen ist es essenziell, proaktiv zu bleiben und regelmäßig zu evaluieren, inwiefern neue Entwicklungen für Sie von Bedeutung sein könnten. Es geht darum, bereit zu sein, sich neuen Herausforderungen zu stellen und Chancen zu ergreifen, die sich aus dem rasanten Fortschritt der KI-Technologie ergeben. Bleiben Sie informiert, bleiben Sie neugierig und nutzen Sie die sich bietenden Möglichkeiten, um sowohl persönlich als auch professionell zu wachsen.

5.9   Personalisieren Sie Ihre KI-Anwendungen

Heutzutage werden in der Beratung KI-Anwendungen häufig noch individuell durch Berater ausgewählt und eingesetzt. Hierbei werden mehrheitlich Standardlösungen wie ChatGPT genutzt, welche über ein großes, aber allgemeines Wissensmodell – oft inklusive einer Anbindung an das Internet – verfügen. Sicher sind solche Anwendungen für viele allgemeine Tätigkeit nützlich und unterstützen beispielsweise bei der Erstellung von Texten oder der Auswertung von Daten.

Doch wie soll ein Berater bzw. eine Beratungslösung sich von der Lösung anderer Berater oder Beratungsunternehmen unterscheiden, wenn alle Lösungen von der gleichen KI auf Basis des gleichen KI-Modells entwickelt wurden? Wie kann eine maßgeschneiderte Kundenlösung entwickelt werden, wenn die Datenquellen und Modelle nicht maßgeschneidert sind?

Wir empfehlen Beratern und Beratungen daher den Aufbau eigener KI-Ressourcen. Dies kann pro Berater (wobei dies oft mit einem nicht vertretbaren Aufwand verbunden ist), pro Fachbereich oder für ein gesamtes Beratungsunternehmen erfolgen.

Hierdurch können unter anderem die folgenden Ziele erreicht werden:

- **Umsetzung von Firmenstandards:**
  Eigene KI-Ressourcen ermöglichen es Ihnen, firmenweite Standards wie ein einheitliches Corporate Wording oder methodische Vorgehensweisen in KI-Anwendungen zu integrieren. Hierdurch werden Berater dabei unterstützt, trotz KI-Nutzung firmenweite Standards einzuhalten.
- **Aufbau und Wahrung eines Wissens- und Methodenpools:**
  Das Kapital eines Unternehmensberaters oder einer Unternehmensberatung ist das verfügbare Fach- und Methodenwissen. Eine bereits seit langer Zeit bestehende Herausforderung ist es, dieses spezifische Wissen zu halten und allen relevanten Akteuren zugänglich zu machen. KI kann hierbei einerseits

eine Lösungsmöglichkeit sein, da aufgenommenes Wissen automatisch der KI-Ressource hinzugefügt werden kann.

- **Aufbau von Fach-KIs für spezielle Anwendungsfälle:**
  Bisher sind KI-Anwendungen Generalisten, welche auf jede Frage eine möglichst gute Antwort liefern sollen. Wir raten im Kontext der Unternehmensberatung allerdings dazu, fachspezifische KI-Anwendungen aufzubauen, welche für einen bestimmten Einsatzzweck gedacht sind. Durch die Spezialisierung einer KI können eine bessere Arbeitsqualität und eine reduzierte Fehlerwahrscheinlichkeit erreicht werden.

5.10 Vergleichen Sie Kosten und Mehrwerte

Als Unternehmensberater stehen Sie an der Schnittstelle zwischen den neuesten technologischen Innovationen und den strategischen Bedürfnissen Ihrer Klienten. Bei der Integration von künstlicher Intelligenz in Unternehmensprozesse ist es entscheidend, eine ausgewogene Perspektive zu wahren. Der Einsatz von KI sollte nicht als Selbstzweck betrachtet werden, sondern als Mittel, um spezifische Herausforderungen effektiv zu adressieren. Es gilt, die Faszination für die Technologie mit einer nüchternen Bewertung ihres tatsächlichen Nutzens für das Unternehmen in Einklang zu bringen.

Vor diesem Hintergrund ist es wesentlich, Kosten und Mehrwerte sorgfältig gegeneinander abzuwägen. Der Mehrwert einer KI-Lösung muss die Investition nicht nur rechtfertigen, sondern auch einen signifikanten Vorteil gegenüber bestehenden Prozessen bieten. Dazu gehört eine umfassende Kosten-Nutzen-Analyse, die sowohl die direkten als auch die indirekten Kosten der Implementierung und des Betriebs der KI berücksichtigt. Es ist Ihre Aufgabe, Klienten dabei zu unterstützen, diese Abwägung transparent und fundiert zu machen.

In manchen Fällen kann es ratsam sein, sich nach günstigeren oder einfacheren Alternativen umzuschauen, bevor eine Entscheidung für eine umfangreiche KI-Lösung getroffen wird. Nicht jede Herausforderung erfordert eine hochkomplexe KI; oft können traditionelle Softwarelösungen oder leichtgewichtige KI-Tools ähnliche Ergebnisse mit geringerem Aufwand und Kosten erzielen.

Es ist auch wichtig zu erkennen, dass das „Selbermachen" manchmal schneller und effizienter sein kann als der Versuch, eine aufwendige KI-Lösung zu integrieren. Besonders bei einfachen und sich wiederholenden Tätigkeiten kann die Automatisierung durch einfache Skripte oder Tools eine kosteneffektive und unkomplizierte Alternative darstellen. Der Grundsatz „fünfmal gepromptet ist einmal selbst gemacht" unterstreicht die Bedeutung der Effizienz und Pragmatismus in der Wahl der Mittel zur Problemlösung.

Als Berater sollten Sie einen besonderen Fokus auf die Identifikation von Prozessen legen, die sich für solche einfachen Automatisierungslösungen eignen. Durch das Aufzeigen von Möglichkeiten, wie Unternehmen ihre Ressourcen klug einsetzen können, ohne sofort in komplexe KI-Lösungen zu investieren, bieten Sie einen Mehrwert, der weit über die technische Beratung hinausgeht. Sie helfen Ihren Klienten, fundierte Entscheidungen zu treffen, die nicht nur technologisch fortschrittlich, sondern auch wirtschaftlich vernünftig sind.

Zusammenfassung

Künstliche Intelligenz ist kein neues Phänomen, hat aber durch Entwicklungen wie die Veröffentlichungen der generativen KI ChatGPT erheblich an Bekanntheit und Dynamik gewonnen. In diesem Buch haben wir uns mit der Frage beschäftigt, welchen Einfluss Anwendungen und Technologien auf Basis künstlicher Intelligenz auf den Beruf des Unternehmensberaters derzeit haben und in Zukunft haben werden.

Zusammenfassend kann festgehalten werden, dass sich das Berufsbild bereits heute durch den Einfluss von KI verändert hat. Für die Zukunft werden weitere Änderungen und ein wachsender Einfluss erwartet. KI birgt dabei sowohl Potenziale als auch Risiken für die Branche und den Beruf der Unternehmensberatung.

Bereits heute können Tätigkeiten, besonders im Bereich der sich wiederholenden und zuarbeitenden Tätigkeiten, an KI-Anwendungen delegiert werden. Hierdurch besteht das Potenzial der Effizienzsteigerung und personellen Entlastung. Zeitgleich sorgt diese Entwicklung dafür, dass bestimmte Tätigkeiten, z. B. in Bezug auf die Erstellung von Texten, weniger gebraucht werden. Andere Tätigkeits- und Anforderungsbereiche sind nach wie vor, auch in Zeiten der KI, unverändert relevant für den Beruf. Hierbei sind besonders zwischenmenschliche Aktivitäten und Fähigkeiten zu nennen.

Unternehmensberater könnten heute und in Zukunft nennenswert durch KI-Anwendungen unterstützt werden und erhalten so einen persönlichen Assistenten, um quantitativ und qualitativ besser zu arbeiten. Zeitgleich besteht die Gefahr, dass Berater ohne Mehrwerte gegenüber KI-Anwendungen in Zukunft nicht mehr gebraucht und durch die KI verdrängt werden.

Die neuesten Entwicklungen im Bereich der KI haben zudem dafür gesorgt, dass sich ein neues Beratungsfeld, rund um Fragen der künstlichen Intelligenz

M. H. Dahm und B. Schulz, *Künstliche Intelligenz im Consulting*, essentials, https://doi.org/10.1007/978-3-658-45060-1_6

entwickelt hat. Potenzielle Beratungskunden haben zunehmend Bedarf für Unterstützung bei der strategischen Konzeption sowie der tatsächlichen Einführung von KI-Anwendungen. Im Zentrum steht hierbei die Frage, welche Mehrwerte geschaffen können und welche Risiken beachtet werden müssen Für die Zukunft erwarten wir auch in diesem Bereich ein deutliches Wachstum.

Wir empfehlen allen Beratern, sich aktiv, aufgeschlossen und angemessen kritisch mit dem Thema der künstlichen Intelligenz zu beschäftigen. Aufgrund der rasanten Weiterentwicklung von KI-Anwendungen und -Technologien bedarf es einer regelmäßigen Analyse der aktuellen und potenziellen Auswirkungen, um sich bestmöglich zu positionieren.

Was Sie aus diesem *essential* mitnehmen können

- Der Beratungsberuf wird sich durch KI verändern, aber nicht aussterben.
- Tätigkeiten, besonders im Bereich der sich wiederholenden und einfachen Tätigkeiten, verfügen über ein hohes Potenzial, von KI-Anwendungen übernommen zu werden.
- Soft & Hard Skills sind relevanter denn je. Berater müssen Mehrwerte gegenüber KI-Anwendungen entwickeln.
- Berater sollten über grundlegendes Wissen im Bereich der künstlichen Intelligenz verfügen und sich stetig weiterbilden.
- KI-Consulting entwickelt sich zu einer neuen Teilbranche des Consultings und bietet spannende Entwicklungsmöglichkeiten für heutige und zukünftige Berater.
- Berater sollten identifizieren, welche KI-Anwendungen sinnvoll in den eigenen Beratungsprozess integriert werden können, um die persönliche Qualität und Effizienz zu steigern.
- Beratungsunternehmen sind angehalten, KI-Firmenstandards zu entwickeln, um Mitarbeiter optimal zu unterstützen und Kunden optimal zu beraten.
- Die Forschung im Bereich KI & Consulting steht noch am Anfang. Bleiben Sie neugierig.

Literatur

Brown, A. (2021, 13. April). Utilizing AI and big data to reduce costs and increase profits in departments across an organization. *forbes.com*. https://www.forbes.com/sites/anniebrown/2021/04/13/utilizing-ai-and-big-data-to-reduce-costs-and-increase-profits-in-departments-across-an-organization/?sh=63b85c406af7. Zugegriffen: 27. November 2023.

Candelon, F., Krayer, L., Rajendran, S. & Martínez, D. Z. (2023, 21. September). *How People Can Create – and Destroy – Value with Generative AI*. bcg.com. https://www.bcg.com/publications/2023/how-people-create-and-destroy-value-with-gen-ai. Zugegriffen: 4. Dezember 2023.

Kewes, T. (2023, 27. Juni). *McKinsey, BCG, Bain & Company: So positionieren sich die Berater zu KI*. handelsblatt.com. https://www.handelsblatt.com/unternehmen/dienstleister/mckinsey-und-co-unternehmensberater-locken-mit-billionen-effekten-durch-ki/29221230.html. Zugegriffen: 20. November 2023.

Lippold, D. (2018). *Die Unternehmensberatung: Von der strategischen Konzeption zur praktischen Umsetzung* (3. Aufl.). Springer Gabler.

Turner, M. (2023, 29. September). Harvard-Experiment mit Hunderten Beratern: Welche Chancen und Gefahren KI für die Consultants bringen kann. *businessinsider.de*. https://www.businessinsider.de/leben/eine-studie-zeigt-wie-berater-mit-ki-produktiver-arbeiten/. Zugegriffen: 22. November 2023.